説話社 占い選書 2

悩み解決のヒントが得られる

ルーン占い

藤森　緑

はじめに

「説話社占い選書シリーズ」の創設、おめでとうございます。説話社では、既に過去に3冊のタロット占いの本を出版させていただいており、お陰様で、どれも増刷を重ね続けています。そして、過去のすべての書籍をご担当していただいた説話社の高木利幸さんに、この新シリーズの中の「ルーン占い」の執筆に、お声をかけていただきました。ルーン占いにはタロット占いと同様に、非常に強い思い入れがあります。書籍の執筆を通して、ルーン占いに深く触れる機会をいただきましたことを、心より感謝申し上げます。

他の出版社の書籍になり恐縮ですが、約9年前の2006年に魔女の家BOOKSから『ルーン・リーディング』を、出版させていただきました。現在ではかなり増えていますが、その当時は、日本語のルーン占いやルーン文字に関する書籍は、ほとんどなかったという状況でした。ルーン占いの翻訳本が数冊出版されていたものの、既に絶版になっていたものが大半でした。また、日本人が執筆した書籍は、後で参考文献として紹介させていただく、鏡リュウジさんの『神聖ルーンタロット占術』（学研、1993年）のみであったと記憶しています。VOICEから出版された、ラルフ・ブラム氏の『ルーンの書』（1991年）でルーン文字の存在を知り、

『神聖ルーンタロット占術』で、具体的な占い方法を知ったという具合でした。そして時間をかけて、ルーン占いにはまっていったのです。

そんな折に、『ルーン・リーディング』を出版できたことは、非常に幸運であったと思っています。拙著の中では特に、その頃のすべての書籍において、曖昧《あいまい》で漠然としていた各ルーンの「逆位置の意味」を整理し、わかりやすく、すっきりとまとめました。その点は、ルーン占いの円滑さに貢献できたのではないかと自負しています。

しかし、他の占術に比べれば、現在でもまだまだルーンに関する書籍は少ないようです。インターネットで北欧に関することを検索しても、満足できる日本語の情報が得られにくいことからも、日本と北欧との精神的・物理的な距離感を、実感せずにはいられません。

プロとして占いの仕事に携わるようになり、24年の年月が流れました。長年、常にどっぷりと占いにはまっている状態ですが、最近、「占いとは何か」ということに関して、頻繁に考えています。

占いとは、「神様からのメッセージである神託を、目に見えるかたちに変換する作業」であると思っています。それは、ルーン占いを含めた、偶然性を利用して答えを出す「卜術《ぼくじゅつ》」のみならず、西洋占星術や四柱推命を含めた「命術《めいじゅつ》」など、一見、自分の意志や偶然性を取り入れにくいと感じる占術でも、そうした要素を持っているのではないかと考えることがあります。

非常に綿密な体系として存在している、長い歴史を持つ占術であっても、それが人間の性格や運命に影響を与えるという根拠や論拠は存在していません。正式な統計学を通して証明された、という話も聞きません。しかし、人間が図式的に理解することができる、そうした綿密な体系が存在することにより、神様がそれを通し、人間にわかりやすいようにメッセージを伝えてくれているのでは……と思うのです。

そうした体系は、その人にとって使い勝手が良いものであれば、基本的には何でも良いということです。ルーン占いも、その中の体系の一つということになります。

ルーン文字の歴史の項目に記載したように、ルーン文字につけられた名称や意味は、単に、その音価を覚えやすいように、同じ頭文字を持つ名称や意味をつけられたにすぎません。その文字が、その名称通りの占い的な性質を持っている……というわけではなかったのです。

しかし、古代北欧のルーン文字が、占いというかたちで蘇った現在、文字につけられた名称や意味が、多くの人達の意識を通して、次第に浸透していくのでしょう。世間への浸透の度合いが高まるごとに、その文字は与えられた意味通りの力を持っていくのです。アカシック・レコードに次第に深く刻み込まれていく状態、といってもよいかもしれません。「この文字には、こういう意味がある」と思う多くの人々の意識が、実際にそのルーンに、そうした意味を吹き込ませるのです。それはタロット占いでも、同じことがいえるでしょう。

それと同時に、占う時には占う人の意識が優先的にルーンに反映され、結果が出ます。占う人が、「このルーンにはこういう意味がある」と思い込んでいると、その通りに出るのです。ですから、もし間違って意味を覚えていたり、我流の解釈の仕方をしていたりしても、神様はちゃんとそのことを考慮しています。占う人の思考に沿ってルーンを選び、引き出してくれるでしょう。

それだけ、ルーン占いを含めたすべての占術は、豊かな柔軟性を持っているのです。

スピリチュアル・ブームといわれるようになってから久しいですが、それは決して、ブームで終わるものではないと思います。

人間と神様を含めた目に見えない世界との間に存在している壁が、どんどん薄くなっているように思われます。そのために、「守護霊や神様と会話ができる」と話す人の数が、どんどん増えているのです。その傾向は、今後も続いていくことでしょう。

そして、そうした段階に入っている人達は、道具を使って自分のことを占う機会は減っていくと思われます。道具がなくてもある程度はわかるということと、特に占いをしなくても、どう動けばどういった状況が訪れるかということは、道徳的な観点から判断することができるためです。

私自身はまだまだ修行中の身ではありますが、ここ数年は、道具を使って自分のことを占う機会はかなり減少しました。当たり前のことですが、何かの願い事を叶えたいのであれば、真摯《しんし》な気持ちで頑張ることが一番であるとわかっているからです。そして、もし自分に必要のない願い事であるなら、それは叶わないということもわかっているのです。「人事を尽くして、天命を待つ」という心境です。そうした精神状態を保てるようになったのは、非常に長い期間、ルーン占いを含めた占いを続け、見えない世界と深く関わってきたからともいえるでしょう。

しかし、恋愛に心を痛める若い女性にとっては、占いは欠かせない……という現実は、私自身も遠い過去に、痛いほど経験してきたことでもあります。また、悩みを抱えている人達に伝えるアドバイスを得るために、占いを利用する人もいるでしょう。ルーン占いは、そうした多くの人達の支えになってくれるのです。

目に見えない世界に触れるために、そしてあなたを守護する神様からの、的確な助言を得るために、早速今日から、ルーン占いに取り組んでみてください。ルーンとのコミュニケーションを密にすることで、小さな問題が気にならなくなるような、そして、物事の良い側面に注目できるような豊かな精神性を、育て上げることができるはずです。

目次

第1章 ルーン占い基礎編

1 ルーン文字の誕生と歴史

ルーン文字がいつ、どこで誕生したかはわからない

ルーン文字とは、古代北欧でゲルマン諸民族が、ゲルマン語を表記するために使われた文字のことです。ルーンの語源は、ゴート語の「秘密」を意味する"rune"や、古ノルド語の"rún"などがあります。"rún"は、「筆記文字」の他、「秘密」「魔文字」「妖術」「謎」などの意味を持ちます。こうした語源からもわかるように、ルーン文字は、常に大々的には公開されない、秘密的知識と関係してきました。また、何か神秘的な力を持っているとされ、古くから、魔術や呪術にも使用されてきました。

ルーン文字の出現時期は、紀元後100年から200年頃であることがわかっています。5世紀までの最初期の遺物は、北欧地域で最も多く発見されていることから、北欧で成立したということも判明しています。しかし、ルーン文字が誕生・成立した、はっきりとした時期や地域は、まだ特定されていません。

紀元後1世紀の遺物である、北ドイツで出土した女性用のブローチが、現存最古の証拠であるとの見解を持つ学者が多いようです。初期のルーン文字は、ブローチなど装飾品に、彫り師の名前などが刻まれることが多く、ときには呪文のような言葉も刻まれていました。これらの装飾品は、護符として使用されていたようです。

遠方への手紙文字として使われ呪術的な用途は副産物

ルーン文字は小枝に刻まれることもありましたが、主に、平たく削った木材に刻みつけられました。その他には、骨や金属、石などにも、ルーン文字が刻みつ

けられています。その中でも木や骨、鉄などに刻まれたものは、時間の経過と共に、大半が朽ち果ててしまいました。しかし、金や石に刻まれたものは、良い状態のまま、長く保存されています。

ルーン文字は、ときには病気の治療や、危険からの防御、呪詛《じゅそ》など、呪術的・魔術的に用いられましたが、それはあくまでも副次的なものでした。離れた友人への連絡など、日常の筆記文字として使うのが、主な用途だったのです。木材でできた荷札に、持ち主の名前が彫られている遺物も、多数見つかっています。また、ときには詩文に用いられることもありました。

現代英語"write"の同義語の、古期英語"writan"は、「刻む・彫る」を意味します。ペンなどなかったこの時代は、ルーン文字は、ナイフなどで木に刻みつけられました。そのため、彫りやすい直線だけでできているというのが、ルーン文字が持つ、大きな特徴です。そして、木材に入っている横線の筋と見分けがつくように、文字には水平な横線が避けられ、縦線と斜線だけが取り入れられました。そのため、基本的にルーン文字は、一杯に伸びている縦の線である「幹」と、斜めの短線である「枝」の、一要素で構成されているのです。

ルーン文字による文は、基本的には左から右に彫られましたが、右から左へと彫ってもよく、その際には、鏡文字の「反転型ルーン」が使用されました。左から右へ彫り、行が変わったら右から左へと彫る……を繰り返し、続けて何行も彫っていく書法は、「牛耕式書法」と呼ばれています。それ以外でも、読む向きが逆さまに変わる時には、すべての文字を逆向きに彫る、「倒立型ルーン」が使用されました。

木材に文字を彫りつける作業は、決して簡単ではありませんでした。しかし、書き損じたら、木の表面を削り取り、彫り直せるという利点もあったのです。それまでは、言葉を書き留める手段がなかった古代北欧の人々にとって、ルーン文字から受けた恩寵《おんちょう》は、計り知れないものだったことでしょう。

「表音文字」と「表意文字」の両方がルーン文字には備わっている

ルーン文字の形の由来には、さまざまな説がありますが、ラテン語の大文字に基づいて作られているとするのが一般的です。

「ラド」はR、「ベオーク」はBがベースであることは一目瞭然ですが、一見わからなくても、「ソーン」はD、「ケン」はKをベースとして、形成されています。中には、「ニイド」や「ヤラ」など、ラテン文字を雛型としていない文字も、存在しています。

文字には、日本語でいえば、ひらがなやカタカナのような音価を示すだけの「表音文字」と、アラビア数字のような、文字自体が意味を持つ「表意文字」があります。ルーン文字は、「表音文字」と「表意文字」の両方の性質を併せ持っています。

それは、各ルーン文字には、独自の名称と意味が与えられているためです。それをベースに占いの意味づけがされているのですが、こうした名称と意味は、単純に各ルーン文字の音価を覚えやすくするための、想起語としてつけられたようです。例えば、ラテン語ではXをgと発音することを覚えるために、Xには、"gebo"（贈り物）という名称と意味がつけられたのです。「オセル」を刻み、1文字だけで「土地」と読ませるような使い方もされていました。

24文字の古北欧型ルーンが占いとしても用いられていた

時代と場所により、ルーン文字は、その形を絶え間なく変化させていきます。

7世紀前後までの初期のルーン体系は、24文字から構成される、「古北欧型ルーン」、もしくは「ゲルマン型フサルク」「汎ゲルマン型ルーン」「エルダー・フサルク」などと呼ばれるものです。

このルーン体系は、日常生活で使用されると同時に、魔術や呪術にも使用されていました。それは、"alu"や"auja"などの呪術的な単語が、文の末尾などに彫られる場合があったことからもうかがえます。その点が、その後に生じる他の体系と一線を画しています。この「古北欧型ルーン」が、複雑な内容構成を伴っていたことは、すべてのルーン体系の中で、最後に解読できるようになったということからも、想像に難くありません。

呪術や魔術に使用されていた歴史から、占いに使用されているのは、この24文字で構成された「古北欧型ルーン」です。自然と共に生きてきた、古代北欧の人達の英知と、神秘的な力が刻まれているのでしょう。

その後に登場するものも含めて、こうしたルーン体系はすべて、「フサルク」と命名されています。それは、はじめの6文字の「フェオ」「ウル」「ソーン」「アンスール」「ラド」「ケン」が持つ音価を並べた、FUTHARKが由来です。ラテン文字のアルファベットの呼称が、α、βに由来しているのと、全く同じ原理です。

3～4世紀頃に、「古北欧型ルーン」の中に、わずかな変化が生じます。24文字の中で、縦線の幹のない文字は、「ケン」「ヤラ」「イング」の三つだけでしたが、それらの形が変化するのです。他の文字と並べると小さく、中に浮いていたため、他の文字と同じ高さにするべく、文字の形を変形させ、幹を獲得させました。

時代や場所が変われば ルーンの文字も変わっていく

7世紀には「後期古北欧型ルーン」の時代に入ります。「古北欧型ルーン」は、スカンジナビアでは16文字までに数が減り、フリースランド（オランダ）とイギリスでは、28文字から33文字にまで数が増えていくという、二極化となりました。

数が減ったルーン体系は、「ヴァイキング時代型ルーン」「ヤンガー・フサルク」などと呼ばれ、数が増えたルーン体系は、「アングロ・フリージア型ルーン」「アングロ＝サクソン型フサルク」などと呼ばれます。

スカンジナビアのフサルクは、「後期古北欧型ルーン」の時代に数を減らしていき、文字の形も簡略化し始めました。特に、550年から700年頃に激減します。その文字改革は、8世紀末頃に終わり、最終的には16文字にまで数を減らしました。

550年~800年は、北欧の言葉が変化した時期と重なっています。音節の短縮化により、母音が変化しました。例えば、狼なら、頭文字が"wu"から"u"となり、発音が「ウォルフ」から「ウルフ」へと変わったのです。その時、ルーン文字の「ヤラ」の発音が、"jara"から"ar"へと変化しました。

ルーンの文字数が大幅に減ったために、一つの文字が、二つ以上の音価を持つことになりました。読みの判別が困難となったことから、10~11世紀には、点を加えた「点つき型ルーン」を取り入れ、工夫したようです。こうした文字数の減少や形の簡略化は、彫り師の仕事を軽減することが、主目的だったようです。

8世紀末に、16文字になった「ヴァイキング時代型ルーン」に、「長枝型ルーン」(デンマーク型ルーン)と「短枝型ルーン」(スウェーデン・ノルウェー型ルーン)の、二つの異形が登場します。「長枝型ルーン」が、さらに形を簡略化した、「短枝型ルーン」へと発展したのです。

24文字だったルーン文字は10世紀には33文字まで増加

「長枝型ルーン」では形の変化は少ないものの、「ハガル」が3本線を束ねた雪の結晶のような形状になり、「ケン」は幹を持ち、「マン」は「エオロー」と同じ形状へと変化しました。「短枝型ルーン」では、「ハガル」が単線の幹に点がつくだけであったり、「シゲル」が単線の幹の上半分だけであったりと、かなり簡略化されています。その上に、また一段と簡略化された、「幹無し型ルーン」(ヘルスィング型ルーン)も登場しました。

どの体系でも、「イス」だけは形を変えずに、ずっと単線の幹のみであるのは、興味深いところです。

一方、フリースランド（オランダ）とイギリスでは、ルーン文字の数は増え続け、「アングロ・フリージア型ルーン」を形成していきます。

7～8世紀にかけては、24文字～28文字へ増え、10世紀にはさらに追加され、31文字～33文字へと増えていきました。しかし、長続きせず、最終的には11世紀中に廃れてしまいます。

「古北欧型ルーン」に比べると、ハガルは中央に二重線を持ち、「ユル」は、上部の枝が消えているなど、ルーンの形状が微妙に違います。追加されたルーン文字の意味は、25番目が「オークの木」、26番目が「トネリコの木」、27番目は「弓」「装身具」、28番目は「土」「地面の穴」「砂利」「墓」となっています。それ以降のルーンは、中世の記録に残されているだけで、形状も奇妙なため、不明点や疑問点も多く、研究書からは外されています。

北欧神話ではオーディンがルーン文字の発見者とされている

ルーン文字やルーン占いを語る上で、北欧神話の存在を忘れてはいけません。北欧神話の原典となっているのは、9～12世紀のものと思われる、神々と英雄の詩編の『古エッダ』です。そのエッダ詩の多くに、ルーン文字が登場します。特に、「オーディンの箴言《しんげん》」「シグドリーヴァの歌」の項目に、多くのルーンに関する内容が、盛り込まれています。

「オーディンの箴言」では、北欧神話の神々の父であるオーディンが、自らユグドラシルの樹に九日九夜、首を吊ってぶら下がるという、苦行の様子が書かれています。それによってオーディンは、ルーン文字の秘密を発見・獲得するのです。北欧神話の中では、オーディンが最初のルーン文字の発見者であると設定されているのです。

『古エッダ』が写本に収められたのは13世紀に入って

からであり、ルーン文字の成立よりも、ずっと後のことです。それでも北欧神話は、ルーン文字の神秘性や魔力を世界に広め、確定させることに貢献したに違いありません。

時代と共に長く変遷を続けた「ヴァイキング時代型ルーン」は、13世紀前半に、その改革を完結させました。27文字程度の文字数になり、ラテン文字のアルファベット順に並べられ、「ルーン・アルファベット」が成立したのです。点がつく文字が複数あることから、「完全点つき型ルーン・アルファベット」と呼ばれています。

キリスト教による追放の動き　多くの文献も失われてしまう

ルーン文字は、最終的にはラテン文字に、その座を譲るのですが、既に7世紀頃から、ラテン文字とルーン文字が混合した碑文が登場しています。

11世紀末には、キリスト教聖職者がラテン文字を使用するなど、ルーン文字はラテン文字からの挑戦を受けていました。しかし、人々が土地の言葉を表す時にルーン文字を使っていたため、何とか凌《しの》いでいたのです。このように、ルーン文字とラテン文字が併用され、互いに影響を及ぼし合っていました。

13世紀に、公用文字としてラテン文字が北欧に導入されました。これはキリスト教が異教の文字を否定したためではなく、競争に勝ち残ることができなかったことによる、自然の流れの中での淘汰《とうた》であったようです。

しかし、その後も農民や商人は、通信などでルーン文字を使用し続けました。16世紀になっても、まだ人々の間でルーン文字は使われていたのです。16世紀といえば、研究者達がこの土着文字に興味を示し出し、ルーン研究が開始された時期でもありました。

このように、ルーン文字は決して途絶えることなく、北欧の人々の間で、息づき続けていたといえます。

しかし、キリスト教による受難の時期も存在しました。

中世の北欧では、ルーンの呪文を用いた呪術師や魔術師が、「ルーン師」と呼ばれていました。14世紀前半にキリスト教は、ルーン文字が魔術や呪術に使われるのを恐れ、「ルーン文字やガルドゥル（ルーン魔術）に耽《ふ》ける者は、破門に処す」と布告しました。既にラテン文字が普及し始めており、そのことからも、ルーン文字の使用範囲は狭められていったのです。

アイスランドでは、16世紀末の宗教改革期に、規制が強化されました。そして17世紀には、教会関係者の取り締まりにより、黒魔術を行った多数のルーン呪術師が、火刑に処されています。この時、呪文などで使用される、多くのルーン・ガルドゥルの文字や図面も焼かれてしまいました。

ニューエイジブームでルーン文字は世界に広まる

その後も、土着文字であるルーン文字の研究は、研究者により重ねられていきます。１８１１年、北欧の古代史への関心を喚起させるために、ユタランドで「ユタ同盟」が設立され、ルーン情報を発表し続けました。19世紀前半に、ルーン文字の世間への関心を喚起するのに貢献しています。１８３０年代には、スウェーデンの研究者・リーリェグレーンが、ルーン史上に残る大作である、『ルーン教程』と『ルーン原典』を出版しました。その後、ルーン文字の解読も進みましたが、「古北欧型ルーン」の音価を読み解けるようになったのは、１８６０年代というかなり先になってからのことです。

20世紀には、ドイツのナチ党でルーン文字が使用されるという、思わぬ黒歴史も刻んでいます。ナチ党の第三帝国は、古代ゲルマン文化の継承者であることを前提とし、その証明として、ルーン文字を象徴として利用しました。ルーン文字を、最古にして至純な文字へと仕立て上げたのです。1930年代にナチ党が権力を握ると、ルーン文字がシンボルとして利用されました。その中でも「シゲル」を二つ並べた「重ね稲妻」というSS徽章《きしょう》や、同じく「シゲル」を重ねた、ハーケンクロイツが有名です。

1970年代に、ニューエイジ文化がルーン文字に着目したことにより、世間のルーン文字への関心が高まっていきました。神秘への探求や自己探求など、呪術や超自然的な視点からルーン文字のブームが広がり、注目を集めるようになったのです。そのブームを追うように、一般市民向けの考古学的な書籍が出版されるようになったようです。

こうして、北欧でいったんその歴史に幕を下ろしたルーン文字は、意外なかたちで復興し、活躍の場を世界各地へと広げることになりました。

②「ルーン占い」とはどのような占いか

ルーン占いはとてもシンプル　おまじないのように神託を受ける

「ルーン占い」とは、どのような占いでしょうか？

ひと言でいえば、「神託を、わかりやすく伝えてくれるもの」であるといえます。

ほとんどの占術は、神託の内容を理解するために具現化する役割を持つ道具です。自然と密着して生きてきた古代人の多くは、道具を使わなくても天からの神託を受け取る能力が備わっていたことでしょう。しかし、それを失った大半の現代人は、神託を受けることができません。そのため、理解できるかたちに転換できる「占い」というシステムを利用して、神託をつかむのです。

特に、ルーン占いを含めた偶然性を利用して占う「卜術」は、神託をストレートに受けることができる占術です。

それでは、ルーン文字を使って神託を受けるには、どうすればよいのでしょうか？

ルーン占いでは、文字が刻まれた24個の木片や小石、もしくは文字が書かれた24枚のカードに、それぞれ白紙のルーンを一つ足したものを用意して占います。

一例を挙げると、木片や小石のルーンで占う場合は、25個のルーンを袋の中に入れ、その中に片手を突っ込み、質問を念じながらかき交ぜます。そして、「これだ」と感じたルーンを一つ袋の中から引き出します。ただそれだけで、質問に対する神託が得られるのです。非常にシンプルな、まるでおみくじのような占いです。

ルーン占いは直感が何より大切
明確なメッセージが得られる

卜術の中でも、複雑な絵が描かれたタロットカードは、比較的、複雑な読みを必要とします。しかし、シンプルな文字を使ったルーン占いは、それほど雄弁に、長々と神託を語り続けるということはありません。ひと言で明確にズバッと伝えてくれるのが、ルーン占いの特徴なのです。

ルーン占いは、古代北欧にも存在していました。その証拠として、ローマの歴史叙述家タキトゥスが、西暦100年頃にゲルマン諸族について記した『ゲルマニア』の中に、占いの場面の記述があります。いくつもの木片に特殊な記号を刻みつけ、誰かがそれらを白い布の上に放り投げると、司祭や家長が祈りを捧げながら木片を拾い上げ、その意味を読み解く……という内容です。この記号こそがルーン文字であり、ルーン文字はこの頃から、その神秘の力を発揮して、神託を受ける占術の役割を果たしていたのです。

本書には、各ルーンにおいて、生活の中のさまざまなシチュエーションによる占いの意味が記載されています。しかし、書かれている意味はあくまでも一例であり、象徴やキーワードという「幹」から意味を広げた「枝葉」の部分です。ですから、各ルーンが持つ幹の意味をしっかりとつかみ、自分自身で占い結果を編み出すことが理想的です。

また、直感を重視することも大切です。例えば、何かの勝敗を占った時に「ヤラ」が出て、二つの「く」の字が「対等な関係」に見えた場合、本の内容は無視して自分の直感を優先し、占い結果を導き出しましょう。

直感こそが神託を正しく受け取る、一番の近道なのです。

3 ルーン文字の歴史

ウィルド

「ウィルド」は、「ブランクルーン」とも呼ばれる白紙のルーンです。洋書も含め、80年代のルーン占いの本には、「ウィルド」が存在しない場合が多いことからも、比較的最近になって加えられ、定着しつつあるのではないかと考えられます。「ウィルド」は別名「ノルンの女神」という、北欧神話に登場する3人の女神の総称です。彼女達は木片にルーン文字を刻むことで、人間の運命を定めることができました。そのためこのルーンが出ると、人間にはどうにもできない、宿命的な出来事が訪れることを示します。この新たな25番目のルーンは、トランプの中ではジョーカー、タロットカードの中では愚者と似た役割を持つ、ルーンの中のトリックスター的な存在です。特殊なルーンであることから、答えが確定していない質問で出る場合も多々あります。

フェオ

「フェオ」は、古代北欧の人々にとって重要な財産である、「家畜」を象徴しています。家畜の中でも、特に家畜牛は日々の牛乳と食肉を人々に提供する、欠かせない食糧源です。それだけでなく、糞は農作物の肥料となり、穀物や野菜までも豊かに生育させる力を持ちます。生活する上で、必要不可欠な存在なのです。

貨幣がない時代は、家畜の多さがその家の豊かさを表していました。そのため「フェオ」は、現代における富や財産を象徴します。しかし、賭博や譲渡などで簡単に入手できる富や財産は、「フェオ」の範疇《はんちゅう》ではありません。

家畜牛は鶏や豚に比べて、生育に多大な時間を費やします。豚は1年で出産するのに対して、雌牛が仔牛を産み乳を出すまでには、2年以上を要します。その分、多くの労働力や餌を費やし、重要な食糧源へと成長するのです。こうして、多大な時間と労力を費やすように、地道な努力の上に成り立つ富や財産を示します。

ᚢ ウル

「ウル」は、原牛と呼ばれる古代ヨーロッパ野牛である、「オーロックス」を象徴しています。オーロックスは紀元前1万年以上前の壁画に描かれるほど、古来より狩猟の対象として、身近な野生動物でした。体高2メートル、重量1トンを超え、特に逞《たくま》しい雄牛は力強さの象徴だったのでしょう。「ウル」の角張った文字の形はその巨大な体躯《たいく》を表すかのようです。「ウル」はそのような、人間の力では簡単にコントロールできないほどの、巨大でダイナミックな、衝動的な力を象徴しています。

フサルクは、前後の文字の意味が対照的になっていることが多々あります。前の文字の「フェオ」が表す家畜牛は、野生牛の子孫です。オーロックスが家畜化されたのは、約8千年前でした。その後、長い年月をかけて家畜の改良化が進み、家畜牛とオーロックスの性質の差が開いていきました。そして、古代北欧では別々のルーン文字として、役割分担されることになったのです。

ᚦ ソーン

「ソーン」は、古代北欧で最も恐れられていたルーン文字といってよいでしょう。北欧神話の原典である『古エッダ』の中で、この文字が呪いに使われている場面が登場します。また「棘」の他に、「神々の敵」「怪物」「小鬼」「氷の悪魔」などという名称が与えられていることからも、それはうかがえます。「巨人」という意味も付加されていますが、それは北欧神話の中で、神々の敵がヨツンヘイムに住む巨人族であったためです。

その文字の形は、突き出した棘をイメージさせます。また、北欧神話の神である、トールの武器のハンマーをかたどっているともいわれています。

棘は小さくても人に与える痛みや衝撃は鋭く、人々の心をも深く突き刺し、傷つけることができるでしょう。人間の心に例えれば、それは、潜在意識の中に渦巻く恨みや嫉妬、激しい怒りなどのネガティブな感情を表します。こうした渦巻く情念が、呪いを成立させるのです。

ᚨ アンスール

「アンスール」の名称は「口」が主なものですが、それ以外に「神」や「アウス神」なども付与されています。その神とは、北欧神話の中で神々の父とされるオーディンを象徴します。オーディンは、世界中の情報を集める手段と未来を知る能力を携える、非常に高い知力を持つ神でした。また、ルーン文字を発見したのもオーディンであるとされています。そのためこのルーンは、言葉や経験によるすべての知識と情報を司ります。

ルーン文字が普及する2世紀以前の北欧では、知識や情報は口伝する以外に方法がありませんでした。オーディンが、神の世界が滅亡する後にも生き残る予定の息子ヴィーダルに、自分の仕事の話について長々と伝えたのも、口伝によるものでした。言葉による知識は人間特有のものであり、人間にとって非常に尊重されるものです。四元素の中では、同じく知識や言葉を司る風の性質と共鳴するのが、この「アンスール」なのです。

ᚱ ラド

「ラド」には「車」や「車輪」という主な名称の他に、「騎馬旅行」や「荷車」などの意味も与えられています。総じて、車輪がついた乗り物に乗り、未知の世界へと旅することを意味しています。

北欧神話の中では、太陽もしくは月を引く馬車の御者である「ソール」と「マーニ」、2匹の山羊に引かせた真鍮《しんちゅう》の車に乗って旅をする雷神のトール、2匹の猫に引かせた戦車に乗るフレイヤなど、車や馬車は頻繁に登場します。古代北欧では、陸上を移動する手段の中で馬車が一番、便利だったことでしょう。勢い良く回る車輪のように、このルーンには物事が予想以上に迅速に進む、という意味があります。また、車輪は二つ以上なければバランスを取ることができません。そのことから、決して単独で好き勝手に動くのではなく、周囲と協調し合いながら、バランスを取りつつ進むことも示します。

ᚲ ケン

「ケン」は「たいまつの炎」を象徴しており、四元素の中の火を司ります。考古学的には、「腫れ物」や「傷」という意味も存在します。

冬が長い北欧では、火の存在は格別なものでしょう。北欧神話の創世記では、土も海も空も混じり合い、深い穴しかなかった頃から、既に火の国と氷の国だけは存在していました。そして両国が触れ合うことが、世界が創造される発端となったのです。そのことから、このルーンは「開始」という意味も持っています。私達が住む宇宙が、ビッグバンという火の玉から創造されたように、火は物事を生み出す力を秘めているのです。

四元素の火は、人間の感情の中では情熱を、時間の流れの中では未来を司ります。人は未来への夢を実現させるために、情熱を燃やします。それがまさに「ケン」が示す状態なのです。永続性の有無は別の問題ですが、その熱い気持ちがなければ何も始まらないのです。

ᚷ ギューフ

「贈り物」という名称のある「ギューフ」は、愛情を象徴します。対等な2本の線が中央で交差した形の「ギューフ」は、特に人間として敬愛し合い、与え合える愛情を示しています。「贈り物」という名称が、与える愛情であることを強調しているのです。

例えば、世界の恵まれない子供のために募金をする心構えも、「ギューフ」で示される愛情です。逆に、利己的な目的から奪おうとする愛情は、「ギューフ」の範疇からは外れます。現在でも、欧米では手紙の最後にキスマークとして×のマークを書き、愛情を示すという習慣があります。深い愛情を表す時ほど多くの数の×を並べます。ヴァイキング時代の16文字のルーン体系では「ギューフ」は削られ、消滅してしまうのですが、こうして時間と空間を超えて、人々の間で静かに引き継がれてきたのです。それだけ多くの人に感銘を与える、純真さを持つルーンなのです。

ウィン

「ウィン」には「喜び」という意味が与えられています。その文字の形は、ラテン語の大文字のPを踏襲すると同時に、北欧神話の神々の父であるオーディンの栄光の杖をかたどっているともいわれています。また、「喜び」という名称から、栄光や勝利の旗が高く掲げられ、風にたなびいている様子もイメージすることができます。

「ウィン」が示す喜びには、宝くじに当選するなどの棚ボタ的なラッキーは含まれていません。自分の意志に沿い、望む未来へと進むことによって、希望を実現して得られる「喜び」を示すのです。また、自分の才能によってつかむ「喜び」も意味します。まるでお祝いの旗を立てて騒ぎたくなるような、ハイテンションな精神状態になることを示しているのです。このように「ウィン」は、人々の心を高揚感で満たすルーンですが、「ギューフ」と同様に、ヴァイキング時代型の16文字からは外され、比較的早い段階で姿を消しています。

ハガル

「ハガル」は北欧の人々から恐れられている、「霰《あられ》」と「雹《ひょう》」を象徴しています。霰と雹は積乱雲から降り落ちる氷の塊を指し、ときには数センチの大きさにまで及びます。雷を伴うことが多く、多くの人々に恐怖を与えます。雨は地面を潤し恵みになりますが、霰や雹は農作物や建物を痛めつけ、被害のみを生み出すのです。

そのため「ハガル」には、人間の力ではどうにもできない脅威という意味が含まれています。しかし、大震災のように一瞬ですべてを破壊するのではなく、時間をかけて再建させる余力を残しているのです。こうした衝撃は、安穏とした状態に浸っている人には、大きな気づきを得るきっかけになるでしょう。また、北欧神話で神聖な数とされる9番目に配置され、そうした役割を神聖なものとして受け止めているかのようです。「ハガル」は長く温存され、3本の線が交わり雪のマークのようになるなど、さまざまな形態へと変化していきました。

ᚾ ニイド

「ニイド」は「欠乏」や「必要性」の他に、「窮境」や「強制」などの名称があります。総じていえるのは、何かの障害に縛られ、自由が利かない状態であるということです。物が欠乏しているのなら、心の飢餓を感じる上に、行動を起こすこともできません。そうした身動きが取れない状態から想起させるのは、北欧神話の神々の父であるオーディンが槍を我が身に突き刺し、九日九夜の間、自らユグドラシルの樹に吊り下がった時の様子です。オーディンはそのような苦行を課すことにより、ルーン文字の秘密を知り、さまざまなまじないができるようになったのです。このように、苦難により報労を得たり、忍耐力が強化されたりと、長く苦しい期間を通して、何かしらを得られる状態を示します。

幹を横切る短線は右下に傾き、文字数が変化した後期のルーン体系でも、ほとんど変化していません。「ニイド」の忍耐強さが証明されているかのようです。

ᛁ イス

「イス」は、北欧では非常に身近な存在である「氷」を象徴します。それ以外の解釈がないことから、古代北欧の人々にとって、いかに氷の存在感が大きかったかがわかります。それは、北欧神話の創世記が火と水ではなく、火と氷の衝突から始まることからもうかがえます。

約2万年前のスカンジナビア半島は、降り積もった雪が固められた氷床で覆われていました。今でも冬が長く、1年間の約半分は雪が降り、気温が氷点下の日々が数カ月間続きます。古代北欧の人々は、雪や氷で覆われる冬が訪れると外出ができず、長期間を家で過ごさなければなりませんでした。流れる水が凍るとその場で動けなくなるように、人々の行動や心の動きにも制約を与えたのです。「イス」はそうした心や状況が凍りつき、停止した状態を示します。1本線のシンプルなこの文字は、まるで凍りついたかのように全く形を変えず、最後までルーン体系の中に存在し続けました。

ヤラ

「ヤラ」には、「年」「1年の収穫」「豊穣」という名称が与えられています。1年間の農作業によって、秋に農作物が豊かに実り、それを収穫することを意味しているのです。休むことなく働き続けた農家にとって、努力の集大成ともいえる収穫期ほど、幸せを感じた期間はなかったでしょう。このように、過去1年間において何かを真摯に頑張り続けた人にほど、このルーンは深い感動と感激を与えることができるのです。

小さく縦線がない、珍しいルーンです。二つの「く」の字が向き合っているのは、夏と冬の存在感が強い北欧において、二つの季節が循環している様子を示すともいわれています。すべての文字の中で、「ヤラ」が一番変動が激しく、文字数が減少していく後期には、音価がJからAに変化しました。同時に、文字の形は「シゲル」や「ニイド」、後期の雪の結晶のような「ハガル」に似た形になるなど、とめどもなく変化し続けたのです。

ユル

「ユル」は「イチイの木」を象徴しています。イチイは別名「アララギ」とも呼ばれる常緑針葉樹で、教会や墓地に多く植えられています。ゆっくりと生長し、その木材は丈夫でしなやかであり、古くから武器の弓を作るのに用いられていました。そうしたことから、死のイメージが強い樹木とされています。

そのため「ユル」は、死を含めた物事の終末を示します。それも、ネガティブな状態が続き、追い詰められた後に迎える終末であり、辛苦を伴うことは否めません。しかし苦難の状況に終止符が打たれるのですから、決して悪い側面ばかりではありません。何かを終わらせることにより、新しい何かが始まるのです。「ユル」はそうした大きな転換期も、象徴しているのです。

キリスト教や北欧神話で不吉な数とされる、13番目に配置された「ユル」は、同じく13番目に配置されているタロットの「死神」を彷彿《ほうふつ》とさせます。

ペオース

「ペオース」はルーンの中でも意味不明な、謎のルーンであるとされています。考古学的には、全く名称を探し出せていないのです。そのような中で、くじを行うための道具を示すという説が浮上し、特に「ダイスカップ」が占いの意味として定着しました。すなわち「ペオース」は、ギャンブル的な物事において、幸運を示すルーンなのです。ギャンブルは、実力や努力ではどうしようもなく、運に身を預けるような状態で行われます。「ウィン」や「ヤラ」が、努力によってつかむ幸運を示すのに対して、「ペオース」は特に努力をしなくても、運だけで幸運をつかめる状態を示します。それはギャンブルのみではなく、人生の中のさまざまな場面でも生じるでしょう。実際に、神様は不公平だと感じさせる出来事が、世の中には数多く存在しています。

「ペオース」はヴァイキング時代型ルーンからは外され、自身が持つ意味のように、瞬時の輝きを終わらせました。

エオロー

「エオロー」は「エリィ」と呼ばれるヘラジカ、別名では「大角鹿」を象徴し、文字の形はその角を表しているといわれています。

ヘラジカの雄が持つ角は、非常に大きくて平たく、雌を巡る雄同士の闘いや、天敵から身を守る際に役立ちます。角が大きく立派であるほど寿命を延ばし、子孫を繁栄させることができるのです。そのため「エオロー」には、保護や防御という意味があります。「ガルドゥル」と呼ばれるルーン魔術では、厄除けの力があるとしてこの文字がよく使用されています。「エオロー」の保護や防御の先には、幸福が待っているのです。

ヘラジカは、冬になると10頭前後の群れを形成することから、「友情」や「仲間」という意味も与えられています。3本の線が、3人を束ねて見えるように、周囲と結合することにより、さらに強い力を発揮できるのです。そのような横並び意識が強い状態を示します。

シゲル

「シゲル」は「太陽」を象徴し、その波型の文字は、太陽から地上に降り注ぐ陽光をかたどっています。基本的には3本の枝が組み合わされていますが、ときには4本から8本の枝のジグザグ形で、わかりやすく描かれています。北欧神話の中では、太陽のソールを想起させます。ソールは常に巨人の国の狼に追いかけられ、逃げるように空を回り続けていました。しかし神々の最後の戦いのラグナロクで狼に追いつかれ、食べられてしまいます。そして世界は闇に包まれるのです。

　地球に熱を与え、植物の光合成を促す陽光は、すべての生物が生きる上で欠かせないエネルギー源です。日照時間が減ることが原因の「冬季うつ」が多い北欧では、太陽の光と熱は、非常に有り難いものでしょう。陽光は、それだけ心にも強い影響を与えます。陽光を浴びることで心身のエネルギーが満たされ、生きる活力が湧くのです。「シゲル」は、そうしたパワーを象徴しています。

ティール

「ティール」はその名の通り、北欧神話の軍神であるチュール神を象徴します。チュール神は、北欧神話の中でも非常に勇敢な神でした。誰もが恐ろしがった獰猛《どうもう》な狼のフェンリルを、切れない魔法の紐で縛るために、右腕を失ってしまいます。縛る時にフェンリルの口の中に腕を入れる役割を引き受け、噛み切られてしまうのです。そのため、右腕のない姿で描かれていることが多いのです。

　チュールのその勇敢さを讃《たた》えるために、火曜日を意味する英語の〝Tuesday〟として名前を残され、現代でもその名が忘れられることはありません。『古エッダ』に、「勝利を望むのなら、剣に勝利のルーンを彫り、『チュール』の名を2回唱えなさい」という台詞があります。このように「ティール」は、戦いでの勝利を呼び込むルーンでした。実際に北欧神話の中でも、チュールはルーン文字を刻んだ剣を携えていたのです。そこには、「ティール」の文字が刻まれていたに違いありません。

ベオーク

「ベオーク」には、「樺の木」や「白樺」などの名称が与えられています。樺の木にはいくつかの種類がありますが、特に白樺の存在感は非常に強く、北欧では日常生活に溶け込んでいる、身近な樹木です。

春だけ摂取できる白樺の樹液には、美容と健康に良い成分が含まれ、古代北欧の人々が有り難く飲む習慣がありました。そのため白樺を「母なる樹」「森の看護師」などと呼び、神聖な木として尊重してきたのです。そうしたことから、「ベオーク」には「母性」や「成長」という意味があります。また健康に関しても、良い働きを示します。まだ雪に覆われた春先に、白樺の木から採れる樹液は、人々の身体だけではなく、心も温めたことでしょう。それは生まれたばかりの乳児に与える、母乳のように感じたかもしれません。実際に「ベオーク」は、縦にした母親の乳房のような形をしています。このように母親の愛情に包まれた、温かみを持つルーンなのです。

エオー

「エオー」は、古代では一番速い陸上の移動手段であった、「馬」を象徴します。そのため「エオー」はすべてのルーンの中で、一番の迅速性を持っています。車や車輪を象徴する「ラド」も、スピード感を持つルーンでした。しかし、馬を重い荷台につなぐという点で、馬単体を示す「エオー」と比べると、速さは劣ってしまうのです。

その文字の形は、ラテン語の大文字のMを踏襲すると同時に、地に足をつけて立っている馬をイメージさせます。上部の凹んだ箇所には鞍があり、そこに神々や人間が座ることができるのです。北欧神話では、オーディンが持つ駿馬である8本足のスレイプニルを想起させます。また、向こう見ずなスキールニルが、フレイの恋を成就させるために馬に乗り、軽々と巨人の国まで走る場面からも、馬による移動の身軽さが想像できます。「エオー」が出ると、物事が予想以上に迅速に展開することを示します。その速さは、驚きを伴うほどでしょう。

マン

「マン」には「人」や「人間」という名称が与えられています。老若男女問わないすべての人間、すなわち「人類」を示します。その文字の形は、まるで二人の人間が手を取り合っているか、肩を組み合っているかのように見えます。それは左右対称であることから、片方がもう片方を凌駕《りょうが》するのではなく、対等の関係であるといえます。「マン」は単独の人間を示すのではなく、同等に相手を必要とし合い、同等に支え合える人間関係を象徴するのです。

しかし、「マン」が示す人間関係は、精神的なものより現実性の強い関わり合いを示します。遠くからそっと見守るような関係は、「マン」の範疇ではありません。実際に相手のために手助けをしたり、金品を与えたりする行動が、「マン」が表す人間関係なのです。「マン」は16文字に減少した後期まで残りましたが、その頃には「エオロー」とほぼ同じ形へと変化しています。

ラーグ

「ラーグ」は「水」がメインの名称であり、それ以外にも「球根」や「豊穣」という名称も与えられています。このルーンは四元素の中の水を象徴しています。

北欧神話の世界は、火と氷の接触により創世されましたが、その時、水が雫として誕生しました。その雫を原点としてさまざまなものが誕生していったため、水は、すべてを内包しているといえるのです。

四元素の水は、豊かな感情を象徴しています。感受性が強く、ささいなことでも心が揺れ動き、周りからの影響を強く受ける、繊細で純粋な性質です。また、東洋においても五行の中に水が存在します。四柱推命の壬《みずのえ》と癸《みずのと》、九星気学の一白水星などが、水の性質の星とされています。それらも四元素の中の水と同様に、情の深さや感受性の豊かさなどを象徴しているのです。

「ラーグ」は、まさにこうした世界中でほぼ統一された水の性質を持つ、情緒あふれるルーンなのです。

ᛜ イング

「イング」には、「イング神」という名称が与えられています。イング神とは北欧神話の中の、豊穣の神とされるフレイの別名です。それは､ロキがフレイを「イングナ・フレイ」と呼ぶ場面があることからもわかります。

フレイは神話の中では優美で上品な雰囲気を持ちますが、その偶像には巨根があり、双子の妹のフレイヤと同様に、豊穣多産の神であるとされています。性的エネルギーの強さは根源的なパワーにつながり、万物を生み出します。北欧で冬至近くに行われるユール祭では、フレイへの生贄《いけにえ》として、多産の豚や猪が捧げられています。

多産と関係の深い「イング」は、豊かな実りを象徴します。夫婦の間で多くの子供が産まれ、家庭がにぎやかになっていくような、豊かな未来の訪れを約束しているのです。小さな四角形が基本形ですが、交差部分を縦方向に伸ばしたり、下に幹をつけたりという、別の形も登場します。

ᛟ オセル

「オセル」には「相続地」や「領土」など、土地に関する名称が与えられ、ルーンの中における四元素の地を司ります。占い上では、「伝統」や「先祖」を意味しています。不動産など土地に関するもの、もしくは先祖や先祖代々から伝わるもの、伝統行事や年配者などの年季の入ったものなどが、「オセル」の範疇に含まれます。

地を司る「オセル」は物質的な意味合いが強く、土地や建物が動くことがないように、柔軟性には欠けるルーンです。常識や決まり事を確実に守る、型にはまった姿勢を持つのです。揺るぎないため信頼できる反面、心や視野の狭さを感じることは否めません。しかし、地の要素がなければ、伝統や祖先を守り続けることは困難なのです。「オセル」と次の「ダエグ」は、書籍により順番が入れ替わっている場合があります。それは、発見された碑文によりフサルクの順番が違っているためで、どちらも誤りではありません。

ダエグ

「ダエグ」には「日」という名称が与えられ、「1日」を象徴しています。「ダエグ」の文字の形は、無限大を示す「∞」のマークと酷似しています。それは、日々止まることなく昼と夜を繰り返し、それが延々と循環され人生が続いていくことを示しているかのようです。

このように、「ダエグ」は決して華やかさのあるルーンではなく、むしろ、単調で退屈な日々を示すといってよいでしょう。しかし、退屈ということは、裏を返せば悩みやトラブルがない、安定した状態です。戦争や災害に遭った時に、このルーンが最大級の幸福を示していることに気がつくのです。「平和が何より」という言葉を地でいくようなルーンであるといえるでしょう。

「ダエグ」は平坦な日々だけを示しているわけではありません。同じ毎日を繰り返しながら、その中で少しずつ、生きる力や才能が高まっていくのです。緩い螺旋《らせん》状で上昇していく無限大マークであるといえるでしょう。

不思議なルーン「ウィルド」

白紙のルーンである「ウィルド」は、不思議なルーンです。本来、ルーンは24文字で構成されており、こうした白紙の概念は存在していません。「ルーン文字の歴史」でも触れましたが、80年代では「ウィルド」を採用していないルーン占いの本が多く、比較的最近になって、何者かにより加えられたのではないかと推測できます。もしかしたら、セットに混在していた予備のルーンに、誰かが意味づけをしたのかもしれません。それがルーン占いの普及と共に、広がっていったのでしょう。

ルーン占いを頻繁に行っていると、面白いことに気がつきます。何も念じることなく、何となく袋の中からルーンを取り出してみると、「ウィルド」を引く可能性が高いのです。もしくは、同じ問題を何度も繰り返して占ってしまうと、何度も「ウィルド」を引くことになる……という場面も、経験しています。まるで「ウィルド」が、「その質問には答えられませんよ」と、伝えてくれているかのようです。

何度も「ウィルド」を引くようになったら、集中力に欠けていたり、質問内容に問題があったりするのかもしれません。その場合は、一度ルーン占いから、離れてみてください。

ちなみに、これと同じ働きを見せるタロットカードの「愚者」には、「白紙カード」という俗称がつけられています。北欧神話のロキがそうであったように、どの体系や集団にも、こうした異端者が存在するのでしょう。

第2章 ルーン文字解説編

ウィルド

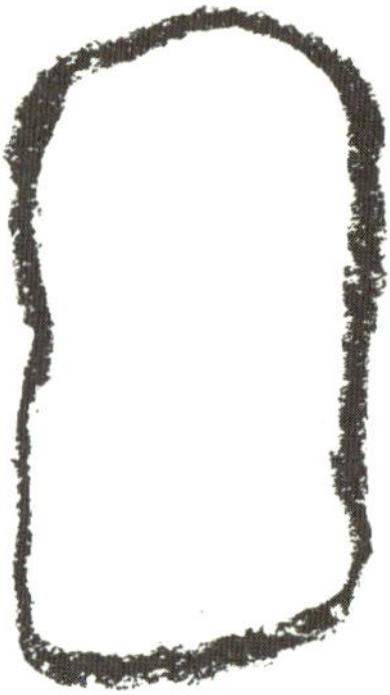

人間の力では太刀打ちできない
運命による転換期

恋愛【運命に翻弄される恋】

運命的な恋愛が訪れる可能性を示します。それは前世で愛し合った人との再会かもしれませんし、前世で振った人からの報復かもしれません。運命の流れに沿って、恋愛が進展します。上手くいかせようと流れに逆らっても、徒労に終わってしまうことに。予想外の展開に唖《あ》然《ぜん》としますが、すべて運命の導きが、恋の行方を決めるのです。

♠アドバイス

運命の力によって、既に恋愛が進む方向は決められています。あなたができることはただ一つ、運命を黙って受け入れるほかにないのです。特に出会いを求めているなら、第一印象でピンとくる異性に注目して。また、気が重くなる出来事は、前世のカルマを解消します。未来は明るくなると希望を持ち、前向きに受け止めましょう。

結婚【赤い糸が引き合う縁】

運命の導きにより、驚くほど順調に結婚に進む可能性大です。それは、相手とは生まれた時から、赤い糸で結ばれているためです。二人は前世で既に夫婦、もしくは血縁者であり、結婚の約束を交わして現世に生まれ変わったのでしょう。まだ恋人がいない人も、近々そうした相手に巡り合えます。感性のアンテナを立ててください。

♠アドバイス

異性の前で素直になることが、結婚を呼び込む一番の鍵になります。せっかく赤い糸で結ばれた人が目の前に現れても、意地を張ったり冷たくしたりすることで、関係がこじれてしまうためです。「この人だ！」と直感する異性が現れたら、素直に好意を示して。逆に素敵な異性から好意を示されたら、満面の笑顔で対応しましょう。

仕事【潜在能力を活かせる天職】

運命の仕事に取り組めるということ、すなわち潜在能力を発揮できる天職に巡り合えることを暗示します。白紙からのスタートに幸運があるため、特に就職や転職を控える人の前には、輝かしい展開が待っているはず。それ以外の人も、隠れた潜在能力を発見できる予感があります。それにより、仕事の選択の幅が広がるでしょう。

♠アドバイス

輝く転換期が控えているのですから、現状への固執はご法度です。未体験の仕事への打診があったら、一つの挑戦として受け入れましょう。それにより、新たな才能や知識を開拓できて、活躍の場が広がるのです。就職や転職を控えている人は、新たな職業への先入観や固定観念を捨てて。無心で新しい世界に飛び込んでください。

友人（人間関係）【過去の関係の反動】

過去に強い影響を与え合った友人との関係が、再び浮上します。その過去には、前世も含まれています。今あなたが気にしている友人は、前世で強い関係があり、その反動が現在に表れています。あなたの過去の友人への行いの、報いを受ける時なのです。ですから友人の態度が冷たいのなら、カルマを解消している証になります。

♠アドバイス

女神の手により、強力な縁をつなぐ友人は決められています。たとえ苦手な人と関わることになっても、自分の意志で縁を断ち切ることはできません。どのような人と関わっても、またどのような交際の流れになっても、すべて運命であると腹をくくり、しっかりと受け止めてください。新しい縁に幸運があるので、出会いも積極的に求めましょう。

家庭（人間関係）【しがらみが消える転換期】

家族の中でさまざまなしがらみを抱えていた人も、それがクリアになる転換期を迎えます。家族の誰かが家を出たり、あなたの環境が変わったりすることで、家庭内の空気が一気に変わるはず。家族に抱えていた不満や執着心も薄れ、家族と自分は別個の人間であると実感できるでしょう。それは女神が用意した、大きな転換期なのです。

♠アドバイス

今後の家族関係は、すべて女神の計画に沿って進行します。ですから目を開いて今後の流れを見極めつつ、ただ流れを受け止める以外に方法はありません。家族はあなたから独立した人間であり、あなたが思い通りに動かすことはできないのです。同時にあなたも家族への依存や執着を捨て、我が道を進む独立心を養うことが大切です。

健康【過去が影響する健康状態】

このルーンだけで、今後の健康の改善や悪化の判断はできません。ただいえるのは、今後表面化する健康状態は、過去の影響が強いということ。それは前世も含まれます。例えば慢性的な痛みが続く場合、前世の怪我や病気が原因である可能性があります。また、過去の不摂生や悪い行いが、体調の悪化というかたちで出ることもあります。

♠アドバイス

過去を浄化するには多大な時間を要しますが、心を純白にすることで、体内の浄化は早まります。我欲や不満を捨て、周りに与える気持ちを育みましょう。瞑想に高い効果があります。心のみならず、肉体の浄化も必要。食事量を減らして腹八分目を心がけ、きれいな水や繊維質を多く摂り、体内に溜まった毒素を排出しましょう。

願い事【運命的な決定】

願い事が叶うかどうかは、運命の女神により、既に決定づけられています。このルーンだけで、それが「イエス」か「ノー」かの判断を下すことはできません。しかしいえるのは、もし願い事が叶わないとしても、それがあなたにとってベターであるということ。今のあなたに本当に必要なものが何なのかを、女神は確実に見極めているのです。

♠アドバイス

何とか願い事を叶えようと、汗水たらして頑張り続けたり、訪れる流れに逆らったりしても、女神の手の中でもがいているようなものです。あなたが取れる最善の行動は、「人事を尽くして天命を待つ」ということ。できるだけのことをしたら、一度願い事を天に放り投げ、お任せする姿勢を取って。女神の采配を信頼していてください。

フェオ

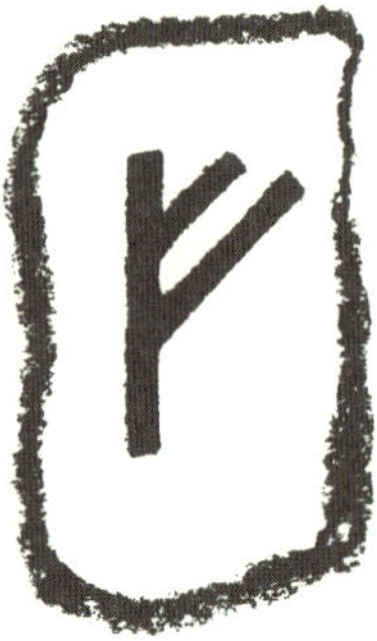

地道に重ねる努力が育む
豊かな富や財産

恋愛【物質的メリットのある恋】

財産を示す「フェオ」が出ると、精神性の高い純愛ではなく、物質的メリットが絡む恋愛を表します。それは恋愛交際を、有意義なものにするでしょう。例えば頻繁にプレゼントをもらったり、豪華な食事を楽しんだりできるほか、相手の肩書きが自分の仕事に役立ったりするなどです。真の愛情とは、少し距離があるかもしれません。

♠アドバイス

多大なメリットを得られる恋愛になりますが、一方が得をすれば一方が損をするということを、決して忘れてはいけません。長く安定した恋愛にするためには、持ちつ持たれつの関係を築くことが最重要。自分から贈り物をしたり、手料理をご馳走したりと、与える姿勢を忘れずに。恋人募集中なら、異性の職歴を重視してみましょう。

結婚【玉の輿の成功】

カップルは、結婚が成就すると同時に、結婚により物質的に豊かな生活を入手できます。いわゆる「玉の輿《こし》」であり、男性であれば「逆玉の輿」が実現します。結婚相手の女性は、キャリアウーマンかもしれません。結婚相手募集中なら、異性の経済力を重視していることでしょう。しかし愛情の軽視が、夫婦関係に影響することは否めません。

♠アドバイス

立派な肩書きと経済力を持つ異性との結婚という野望は、実現するでしょう。ですから、大いに理想を求めてください。しかし、富や財産を熱望する間は、愛という精神性を見失いがちです。立派な家に住み、豪華な食卓を囲む生活を送っても、愛情がなければ無味乾燥な日々になるでしょう。それを心の片隅に留めておいてください。

仕事【報酬の良い豊かな仕事】

物質的役割を持つ「フェオ」は、仕事運で出ると特に幸運です。怠ることなく家畜の世話をし、その報酬として豊富な牛乳や食肉を得られるように、堅実で勤勉な働きぶりが、正当もしくはそれ以上の報酬額を招きます。特に収入に関して、深い満足感を得られるでしょう。安定感のあるルーンですから、継続性も高いはずです。

♠アドバイス

仕事上の幸運は確約されていますから、信念を曲げずにそのまま進めば問題はありません。また、このルーンは一つの仕事を継続することで、次第に能力や報酬額が上がる傾向も示します。そのため転職に関しては、あまりオススメではありません。今いる環境の中で、訓練と試行錯誤を重ねることで、真の満足感を得られるのです。

友人（人間関係）【メリットを与え合う関係】

お互いにメリットを与え合える交友関係が実現するため、信頼関係を維持できるでしょう。メリットとは、贈り物をし合うなどの物質面のみならず、自分の長所を活かして相手の短所を補い合うなど、状況に応じてさまざまなかたちが存在します。共に相手を必要な存在であると思えるため、尊重し合い、穏やかな交際が長く続くはずです。

♠アドバイス

交友関係を順調に進める鍵は、「与えることを意識すること」。どのような交際でも、与える量と与えられる量のバランスにより、関係が変化します。与える量が多い人ほど周囲に人が集まり、信頼されるのです。ただし、「損をしてばかり」と嘆く必要はありません。奪うことに熱心な人は、いずれあなたの周囲から淘汰されます。

家庭（人間関係）【物質的に豊かな生活】

立派な住居や豊かな食生活、十分な給与など、物質的に豊かで恵まれた生活を送れます。家族へのお祝いには、豪華な物を贈る傾向も。それが功を奏し、家族間に平和なムードが漂うでしょう。ただし物質的豊かさが基盤のため、貧困状態に陥った場合、家族の絆が呆気《あっけ》なく崩れることは否めません。精神的な絆は弱い状態なのです。

♠アドバイス

安定感のある家庭を築けますから、小細工や方向転換は無用です。しかし、さらに良い関係を築くのであれば、家族の心理状態に注目を。家族が表面的には元気でも、人知れず悩みを抱えているかもしれません。ふと見せる表情や言葉の端々にまで意識を向け、心理状態を推測して。本音を話し合えるようになれば、鬼に金棒です。

健康【栄養状態に優れた身体】

基本的に頑健である上に、必要とする栄養素が、身体のすみずみにまで行き届いている状態です。そのため虚弱体質や栄養失調とは、無縁でいられるはず。長時間のハードワークにも耐えられるでしょう。しかしその反面、飽食による栄養過多には要注意。健康に良いといわれる食品を摂りすぎ、逆に健康を害することになりかねません。

♠アドバイス

好きな物を自由に飲食できる状況のため、栄養バランスには十分気を配る必要があります。お酒やコーヒー、スイーツなどの嗜好品《しこうひん》に走ると、なかなか歯止めがかかりません。運動による血行促進が、無駄な食欲を抑えます。特に乳製品や肉製品などの動物性たんぱく質の摂取量は、普段からコントロールするように心がけましょう。

願い事【努力の末に叶う願望】

基本的に恵まれた状況の中にいるため、最終的に願い事が実現する可能性は高いでしょう。既に周りには、その願い事を叶えるために必要な道具や環境は整っているはずです。ただ、それを動かす技能と、長い目で状況の変化を見ていく忍耐力、継続力が必要なのです。願いは叶うけれど、その時期は予想以上に先になるのでしょう。

♠アドバイス

「フェオ」の象徴である家畜牛は、生後1年以上もかけて世話をし続け、ようやく家畜としての役割を果たします。今のあなたの願い事も、それと同じペースで実現に向けて進むと考えてよいでしょう。ですから、願い事が本気であればあるほど、地道な努力を継続することが必要。途中で放棄すれば、すべてが台無しになるのです。

フェオの逆位置

正位置との大きな違い

正位置では、富や財産に関する良い状態を示しました。しかし、逆位置では意味も正反対になり、富や財産に関する悪い状態を示すことになります。正位置では勢い良く上に伸びていた家畜の角が下を向き、命が尽き果て、財産を失った状態です。金銭や物質面での損失には、十分に注意する必要があります。

　それと同時に、心理面では富や財産への執着心が強まり、強欲になることも暗示します。その強欲さが、さまざまな問題を呼び込むのです。

逆位置での恋愛【メリットを求める恋愛】

強欲さが現れ、自分の欲を満たすために恋愛を求めがちです。そのため目が向くのは、高い名声や巨万の富を抱えるような異性ばかり。そうした欲につけ込み、やはり自分のメリットを求める異性が接近してくる気配もあります。結果的に、あなたが大損をしてしまうのです。真の愛情を見失っている状態であるといえるでしょう。

♠アドバイス

恋愛と金銭は絡んでいるように見えて、全くの別物であると覚えておきましょう。恋愛に金銭が関わるほど、お互いに純粋な愛情は薄れ、不毛な執着心だけが増長します。恋人募集中であれば、相手の肩書きや収入額から意識を離し、性格と外見だけに注目して。また、異性にお金を貸すのは不運の始まり。何が何でも避けてください。

逆位置での結婚【財産目当ての結婚】

政略結婚や玉の輿など、物質的メリットが伴う結婚を求めて失敗しがちです。自分だけの得を求める意識が異性を遠ざけ、結果的に結婚自体を遠ざけてしまうのです。結婚相手に多くの条件を求めすぎ、婚期が遅れる可能性も。また強欲さが災いして、結婚詐欺にも簡単に引っかかりやすい時です。甘い言葉には警戒心を持ちましょう。

♠アドバイス

高い地位や財産を持つ異性との結婚を企てても、結果的には空振りで終わるでしょう。それは、そうした相手に与えられるものが、今のあなたには少ないためです。自分に見合う異性に焦点を当てるか、物質的幸福から離れ、真の愛について真剣に考えることが必要です。もしくは、自分の得ばかり求める異性に警戒してください。

逆位置での仕事【報酬に見合わない仕事】

仕事を通して「損をした」と憤慨する出来事が生じそうです。それは報酬が予想よりも少なかったり、場合によっては踏み倒されたりするからかもしれません。報酬に見合わないと感じるほど、苦難さや不毛さを伴う仕事に関わる可能性も。求職中であれば、目安とする給与額の仕事が決まらず、妥協への決断が必要になるでしょう。

♠アドバイス

自分の労働価値を高く見積もっていることが、問題を引き起こす鍵になります。与えられた仕事に不満を持つのは、「こんな仕事は自分にそぐわない」というプライドが頭をもたげるからの様子。初めての給与支給の時の感激を思い返し、初心に戻ってみましょう。小さな仕事でも感謝して取り組むことが、開運につながります。

逆位置での友人（人間関係）【損害が多い交友関係】

親切なあなたから、奪うことしか考えない友人。交際を続けても、一方的に損失を重ねるばかりです。例えば、一方的に愚痴を聞かされてエネルギーを消耗したり、頼まれ事を引き受けても、自分が頼んだ場合は呆気なく断られたり……。派手な飲食などで散財する交際に、悩まされる暗示も。消耗が多い割には、実りが少ないのです。

♠アドバイス

交友関係で重要なのは、ギブアンドテイクが成り立っているかということ。冷たく感じても、それは真実です。我慢し続けている交際、利用され続けている交際は、徐々にあなたの精神を蝕《むしば》みます。フェアではない交際は見限り、上手に距離を置きましょう。金銭絡みの関係にも、警戒心が必要。借金は確実に人間関係を破綻《はたん》させます。

逆位置での家庭（人間関係）【金銭問題で荒れる家庭】

金銭や物質という表面的な物事が原因で、家族関係が悪化しがちです。特に相続問題を抱えているなら、争いが生じる気配が濃厚。家族の強欲さに辟易《へきえき》し、自分の取り分の少なさに、不満が溜まるかもしれません。根底に存在している家族愛を、金銭欲や物欲が、すっかり覆い隠すのです。家族が皆、与えることを忘れている状態です。

♠アドバイス

遠慮をせず本音を出し合える家族であるが故に、ギスギスしたムードが漂うのです。あなたがそれに乗じて自分の要望を突きつけても、ますます緊迫感が漂うばかり。まずは少しだけ家族の言い分を受け入れ、肯定してみましょう。それを皮切りに、家庭の空気が穏やかなものに変化するはず。本来の家族愛が、舞い戻ってくるのです。

逆位置での健康【生活習慣病の危険】

強欲さが健康を悪化させること、すなわち派手な飲食や嗜好品の摂りすぎによる、生活習慣病に注意が必要です。食生活がジャンクフードやスイーツに偏り、カロリー過多な割には栄養素が足りないという状況に陥りがち。腰回りの脂肪が増えたら、生活習慣病を疑いましょう。また、運動不足による筋力低下の心配もあります。

♠アドバイス

高価な食事だから健康に良いということはなく、むしろ逆です。栄養価の高い旬の魚や野菜、果物は、安価な割に美味しさが詰まっているもの。季節感を重視して、そうした旬の食材を積極的に摂りましょう。偏りなく、多様な食材をまんべんなく食べることが大切です。また、定期的な運動を心がけ、週に一度は汗を流しましょう。

逆位置での願い事【人間的成長を妨げる願い事】

どれだけ願い事に執着しても、残念ながら叶う可能性は低いようです。それは、その願い事が叶うことが、あなたの人間的成長を阻むことになるためです。もし願い事が叶ったら、あなたは安穏とした状況の中で、怠惰な生活を送ることになるでしょう。それは一時的な幸福をもたらしますが、長い目で見るとマイナスになるのです。

♠アドバイス

その願い事には、周りをないがしろにして、自分だけの得を求める内容が含まれているかもしれません。自分だけの得は、多くの人達の損失につながり、神様はそれを良しとしません。願い事を持つのであれば、視野を広げ、叶うとすべての人達が幸福を感じる内容を設定しましょう。それが自分にとっても真の幸福を呼び込むのです。

ウル

野生牛のごとく
本能に突き動かされる衝動

恋愛【押しの一手で愛を獲得】

一度恋に落ちたら、すべてのエネルギーを恋愛に傾け、何が何でも自分のものにしようと、脇目も振らずに突っ走ります。その一途《いちず》さが相手の心を動かし、恋愛は成就するでしょう。しかし、目的を果たした瞬間、情熱が一気に冷めてしまうことも。まさに狩猟型なのです。また、異性に強引に押され、交際が始まるケースもあります。

♠アドバイス

押しの強さと勢いで、理想の恋愛を獲得できますが、相手の感情を無視していることは、よく自覚してください。相手があなたになびいたのは、単純に「ノー」と言えなかったからかもしれません。一方的に、感情や要望を押しつけるばかりでは、交際は長続きしないでしょう。相手の話に耳を傾け、与え合う関係を築くことが大切です。

結婚【勢いでつかむ結婚成就】

好きな人や素敵な異性との結婚を勝ち取るために、全エネルギーを注いで頑張る姿がうかがえます。その気合いと努力が功を奏して、比較的短期間で、理想の結婚を獲得できるでしょう。ただし、どこかに強引さがあり、自然な流れを捻じ曲げていることは否めません。逆に、異性から強く押されて、結婚を決めるケースもあります。

♠アドバイス

結婚への情熱や意欲が強く、気が急《せ》いている状態のようです。しかし、一度冷静になり、結婚のタイミングが早くないか、そして、本当にその人と結婚して幸せになれるのかを、複数の視点から考えてみてください。交際して日が浅いのなら、もう少し相手の人格を見極めることが大切。結婚には、合理的な思考も必要なのです。

仕事【能力の限界への挑戦】

周りを圧倒する、パワーがあります。大規模な事業の成功や、高い地位への出世など、大きな目標を高く掲げ、全身全霊で仕事に取り組めます。目標への到達を信じ、能力や体力を存分に駆使し、驚くほど速いペースで、目標を達成できるでしょう。その能力の限界への挑戦は、さらなる能力の向上や自信、周囲からの称賛へとつながります。

♠アドバイス

目標達成という望ましい結果を得られますから、安心して突き進んでください。目立つあなたに苦言を呈する人や、足をすくおうとする人も現れるでしょう。しかし、周囲に歩調を合わせていては、せっかくの長所が失われてしまいます。今は何よりも、自分の判断力や才能を信じることが大切。ひたすら、正面だけを見つめてください。

友人（人間関係）【力を合わせる交友関係】

あなたもしくは相手の勢いが非常に強く、もう一方が、それに流される交際になりがちです。それは一方的に思えますが、流される側にとっても、好条件となるはず。勢いのある方からパワーをもらい、能動的かつ積極的になれるためです。共通の目標を持っているなら、共に力を補い合い、達成に向けて、勢い良く前進できるでしょう。

♠アドバイス

人間関係は、どちらかが能動的でなければ、親密な関係を築けません。適度な距離を置ける交際では、共に傷つかずに済みますが、深い友情を共有するには、積極的に関わる必要があります。友人が積極的に接近してくるなら、感謝して受け止めて。そうでなければ、自分から歩み寄りましょう。そこから、発展や幸福が生まれるのです。

家庭（人間関係）【主張が飛び交う家庭】

刺激や競争の多い外的な世界では、野生牛の持つ衝動的パワーは、強い援助になります。しかし、本来憩う場である家庭に関して「ウル」が出ると、穏やかではない家庭状況が訪れ、浮かれてはいられません。家族同士の主張がぶつかり、喧嘩腰になるなど、緊張感が走る様子。一時期騒然となるものの、最終的には和解できるでしょう。

♠アドバイス

自己主張が飛び交い、衝突する家族に戸惑いを感じても、止めようとする必要はありません。今まで家族が内面に溜め込んでいた、不満やストレスが吹き出され、結果的には、心の浄化をはかれるのです。その証拠に、その後の家族関係は、好転していくはず。本音をぶつけ合うことで一体感が生まれ、家族の心が同じ方向に向くのです。

健康【エネルギッシュな身体】

野生牛のようなパワーが体内に蓄えられ、健康上の悩みは一気に解決するでしょう。怪我や病気で苦しんでいる人は、内在している高い免疫力と治癒力により、自分でも驚くほどスピーディーに、回復へと向かいます。また、運動能力も高まっている時です。スポーツでは好調の波に乗り、周囲を圧倒するほどの高い技能を表現できます。

♠アドバイス

動けば動くほど、活動力が高まる時です。体内にエネルギーがみなぎっていますから、ジッと過ごしているとフラストレーションが溜まり、原因不明のイライラや不快感が生じます。余暇は好きなスポーツで、エネルギーを発散させましょう。エレベーターを使わず階段を昇ったり、腹筋運動をしたりするだけでも、効果があります。

願い事【自力本願で叶う願い事】

あなたはその願い事を、深く真剣に叶えたいと思っているでしょう。その証拠に、神頼みをする暇もないほど間髪入れず、その願い事実現のための、アクションを起こしているはずです。既に心の奥底では、「神頼みは二の次であり、結局は行動が一番大切」ということを知っているのです。結果的に、自力で願い事を叶えるのでしょう。

♠アドバイス

願い事が叶わないことを恐れ、すべり止めの準備をするなど予防線を張ることは、今は必要ありません。そうした意識は、「願い事が叶わなくても大丈夫」という安心感を生み、結果的に、願い事が実現する確率を下げてしまいます。不安や恐れは、邪魔になるだけです。ひたすら叶うと信じ、叶った時の様子をイメージしましょう。

ウルの逆位置

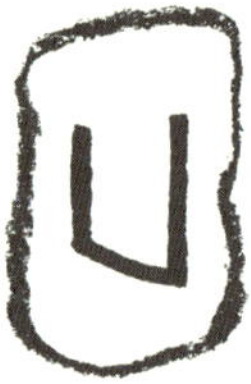

正位置との大きな違い

野生牛を示す「ウル」は、正位置では、その角ばった巨体を示すかのごとく、力強い文字の形をしていました。それが逆位置になると、両足を挙げてゴロッと寝ころぶような形に変化します。足元をすくわれ、自分の力では起き上がれず、ジタバタするしかない状態です。

正位置では、本能に身を任せ、全力で猛進することを意味しました。しかし逆位置になると、たとえ本能が渦巻いていても、自力では何もできない、無力の状態になるのです。

逆位置での恋愛【情動が空回りする恋】

狂おしいほど好きな異性を目の前にしながら、強い無力感に襲われがちです。それは、相手に近づく手立てがないからかもしれませんし、極度に自信を持てないからかもしれません。異性との適度な距離感がわからず、突然告白するなどの暴挙に出て、玉砕する心配も。動揺や思い込みなど、自分の中の感情が、すべての進展を阻むのです。

♠アドバイス

相手のささいな言動に、青くなったり赤くなったりしていては、相手もあなたに違和感を覚え、恋愛を上手く進めることができません。まずは、自分と相手の関係について、客観的に眺める努力をすることが大切。親しい友人に、忌憚《きたん》のない意見を求めてもよいでしょう。レベルが高く手が届かない人だと感じたら、手を引く覚悟も必要です。

逆位置での結婚【結婚を遠ざける焦燥感】

あなたの心は強烈な結婚願望に満ちあふれ、結婚が人生を好転させると、大きな期待をかけているかもしれません。しかし、期待感が強すぎることが災いして、なかなか理想の状況に近づけない様子。異性や自分の現状を、冷静に観察できないことが要因です。また、強い結婚願望が、異性を逃げ腰にさせている可能性もあります。

♠アドバイス

結婚成就のための努力の方向性が、間違っているようです。根底にある、「どうせ自分なんて」「相手は誰でも、結婚さえできればいい」という自虐的な気持ちが、結婚に相応しくない異性を引き寄せやすいのです。結婚に進まない恋は断ち切り、「結婚は生活」という言葉を胸にして。計算高いくらいの方が、成功率が高まります。

逆位置での仕事【実力以上の仕事で失敗】

野望を掲げて大成功を求めますが、その野望に実力が伴わず、目の前の厚い壁に、叩きつけられる羽目になりがちです。高い場所にばかり目を向けて、足元を見失っているのかもしれません。また、実力以上の仕事を任され、萎縮《いしゅく》してしまい、結果が出せない可能性も。ハードワークが続き、心身共に疲労《ひろう》困憊《こんぱい》することも考えられます。

♠アドバイス

成功を急ぎすぎ、周囲の状況や自分の能力を、冷静に把握できないようです。「やればできる」と見切り発車をすると、すぐつまずいてしまうことに。まずは、状況と能力に見合った、綿密な計画を立ててみましょう。高い目標を掲げているなら、低めに設定し直すことを検討して。一段ずつ積み上げる、地道な姿勢が必要なのです。

逆位置での友人（人間関係）【劣等感が絡む人間関係】

友人知人との距離の取り方が難しく、意志の疎通が困難なようです。どちらか一方が威圧的で、もう一方が服従するような、平等性に欠ける交際になってしまうことも。相手に苦手意識を持ちながらも、縁を切れずにずるずると交際が続き、不毛さを味わうでしょう。その問題の多くは、自分自身の劣等感と、欲が原因といえるのです。

♠アドバイス

「どうせ自分なんて」という劣等感や自虐的な思考が、周りの人達に投影され、それが苦しい人間関係を生み出しています。誰かに好かれたいと思うなら、まずは、自分が自分を好きになってください。自分を愛おしいと思う気持ちが表情を明るくし、輝きを強めていきます。「自分をたくさん褒めること」が、手っ取り早い方法です。

逆位置での家庭（人間関係）【自分を出せない家庭】

親や配偶者、兄もしくは姉が、あなたにとって権威であり、内心で萎縮しているのかもしれません。本来は憩いの場である家庭が、気持ちや行動を縮こまらせるのです。そうした姿勢がますます家族を横暴にさせ、その悪循環から、簡単には抜け出せません。家族には頼れませんから、自力で生きる道を、模索することになるのでしょう。

♠アドバイス

「家族の前では、自分を抑えるべき」と感じるかもしれませんが、もっと自己主張をするべきです。遠慮してばかりでは、家の中のあなたの居場所が、さらに狭くなっていくのです。まずは、嫌だと思うことは嫌だと、素直に言葉で伝えましょう。それでも何も変わらないなら、家族と離れ、自力で生きる方向へと進むことがオススメです。

逆位置での健康【体力過信による過労】

自分が感じている以上に、体力に欠けているようです。日頃の精神的な悩みやストレスが、体力を奪っている可能性も考えられます。そのような中で、予定の変更をせずに無理を積み重ね、過労状態に陥る心配が。心身症による胃腸炎や食欲不振に、悩まされる場合もあります。「自分は大丈夫」という体力過信が、万病の元になるのです。

♠アドバイス

今の自分は、予想以上にひ弱であることを、認識しておく必要があります。抱えている労働量をできるだけ減らし、生活の中の負担を軽くしてください。主婦であるのなら、しんどい時にはお惣菜や宅配ピザで、料理の負担を軽くすることもオススメします。その上で、多くの睡眠時間を確保し、適量の肉を食べ、栄養を摂りましょう。

逆位置での願い事【実現不可能な無謀な願い事】

自分では気づきにくいかもしれませんが、現状から考えると、その願い事は、かなり無謀な内容であるといえます。あなたが全身全霊をかけて、実現に向けて頑張っても、遥か彼方に位置しているほど、困難な願い事なのです。どこか他力本願になっている面も、実現が難しい要因のようです。自分で動ける状態ではないのかもしれません。

♠アドバイス

地に足のついた願い事であるかどうか、再確認してみましょう。自分の能力や現状を無視した、非現実的な願い事、もしくは現実逃避になっているかもしれません。自分ができることと現状を照らし合わせ、少し手を伸ばせば実現する、一段だけ高い願い事を設定して。それが叶ったら、さらに一段高い願い事を、設定するとよいでしょう。

ソーン

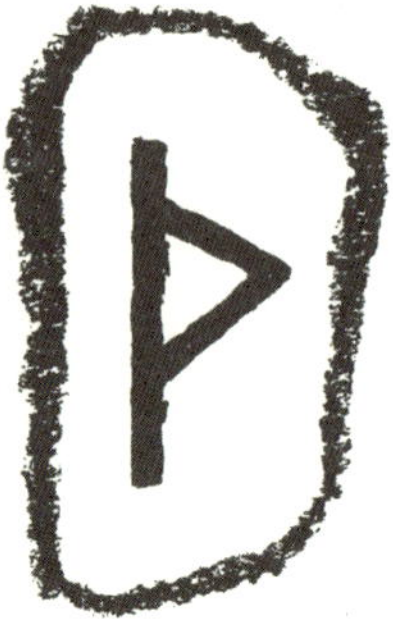

潜在意識に秘められた
ネガティブで激しい衝動

恋愛【支配欲や執着が絡む恋】

純粋な愛情ではなく、自己満足のための恋愛に走りがちです。そこには異性への支配欲や、強い執着心が絡んでいる模様。場合によっては、恨みが復讐心に発展し、相手を苦しめることが目的かもしれません。また、そうした動機を持つ異性に、警戒する必要があります。支配と服従という、愛とはほど遠い感情で、つながれた関係なのです。

♠アドバイス

異性を征服したいという欲求は、一見、恋愛感情だと思えるかもしれません。しかし、本来であれば、自分の欲を満たすのではなく、相手の幸福を願うことが、真の愛情であるはずです。今のままでは、片方が欲を満たし、もう片方が屈辱感を味わう、不条理な関係に陥ります。少し距離を置いて、二人の関係を再度、見直してみましょう。

結婚【征服欲による結婚願望】

強い結婚願望が渦巻いていますが、それには征服欲や成功欲が伴い、純粋な願望とはかけ離れている可能性があります。例えば、友達に自慢するためや、豊かな経済力や名声を手に入れたいためかもしれません。その突き上がる情動により、結婚成就の成功率は高いでしょう。ただし、純愛に欠けているため、結婚後の幸福は保障できません。

♠アドバイス

強力な結婚願望により、結婚は実現するでしょう。しかし、根底に人を出し抜く目的があるため、結婚後に誰かから恨まれたり、夫婦間の意志の疎通が難しくなったりと、複雑な状況がついて回ります。本当に相手を愛せるのかを、自問してください。また、異性から強引に求婚される場合、相手の支配欲の有無に、注意を向けましょう。

仕事【自尊心を満たすための仕事】

仕事への強い成功願望と高い集中力が功を奏し、周囲から頭角を現せるでしょう。それは、ライバルへの強い攻撃心、周りを見返してやろうという反逆心などの結果です。社会や顧客への奉仕が目的ではなく、自尊心を満たすための、仕事になっているのです。結果的に成功することで、人を傷つけたり、周囲を怯えさせたりしそうです。

♠アドバイス

何かに勝つために成功を求め、それが実現しても、結果的には一瞬の幸福に終わると、心得ておきましょう。何かに勝つことは、何かが負けることにつながり、誰かが苦しい思いを抱えるのです。また、幸福を維持するためには、延々と勝ち続けなければなりません。気を抜けず、心が休まらない勝利や成功は、真の幸福とはいえないのです。

友人（人間関係）【勝敗にこだわる関係】

優越感と劣等感、勝ちと負けがベースにある、人間関係を示します。関係をつなぐのは、友情ではなく支配と服従です。強いライバル心が、つないでいる場合もあります。そのため「ソーン」の棘のように、チクチクと痛みを感じる交際となり、信頼感を持つことは困難です。それでもお互い、その苦痛から逃れられないのでしょう。

♠アドバイス

支配する側だけではなく、服従する側にも何かしらの利点があるため、その関係を破棄できません。それは、「相手にしてくれている」という、安堵《あんど》であると考えられます。不快さを抱えても、孤独でいるよりマシだと思うのなら、考え直す必要があります。相手からの悪影響を絶ち、心が白紙になった時、新たな友情が生まれるのです。

家庭（人間関係）【優しさが失われた家庭】

家族愛が失われたわけではありませんが、家庭の中で表れるのは、棘のようなギスギスとした感情ばかりです。それは、近すぎる関係が災いして、欠点ばかりが目につくためです。「家族を望み通りに変えたい」という家族全員の思いが交錯し、言い争いが生じるのでしょう。相続争いなど、身内間での険悪なムードにも、要注意です。

♠アドバイス

家族一人の棘は、また別の誰かの棘を呼び、放っておけば悪循環が絶えません。ですから、まずはあなたが、その循環を断ち切る役割を果たしましょう。それは、それほど難しくはありません。笑顔を向けて、家族に優しく思いやりのある言葉をかければよいのです。根気良く続けていれば、家庭の空気が、次第に温かくなるはずです。

健康【心と身体の鋭い痛み】

「ソーン」が棘を象徴することから、鋭い痛みを感じる症状を示します。裁縫や料理で、針や刃物を使う時は、小さな怪我をしやすいので要注意。また、小さな痛みを無視していると、次第に大きな痛みになる心配があります。身体と共に、心の痛みも表します。心に受けた傷や衝撃が、健康に悪影響を与える場合も考えられます。

♠アドバイス

健康を占って「ソーン」が出た場合は、十分注意しなければいけません。ハードなスポーツや、険しい地での山登りなど、少しでも健康に危害を与える可能性がある状況からは、距離を置いた方が賢明です。また、少しでも品質が怪しいと感じる食べ物も、避けてください。心身をリラックスさせ、緊張を解きほぐすとよいでしょう。

願い事【自己満足を求める願い事】

その願い事は、叶う可能性が高いでしょう。それは潜在意識の中に、その願い事実現への欲求が、激しく渦巻いているためです。願い事を叶えるためなら、あなたは手段を選ばないかもしれません。しかし、願い事が叶って幸福感を味わえるのは、ごく一瞬。自己満足が目的であるため、周囲の不満を買うことが、その要因といえます。

♠アドバイス

他人を蹴落としたい、その上で自分だけが満足したいという願い事は、叶っても一時的な幸福で終わります。それは、すぐに別の人が、あなたを蹴落とそうとするためです。世界一の記録を樹立しても、すぐに次の者に、抜かれる状況に似ています。自分だけではなく、より多くの人達が幸福を味わえる願い事を、模索してみてください。

ソーンの逆位置

正位置との大きな違い

正位置の「ソーン」の文字では、とがった棘が、神秘思想で未来を司る右側を向いています。棘が刺されば、激しい痛みが生じます。しかし、最終的には「ソーン」の潜在的で衝動的な情動が、望みの結果を招くことを示します。逆位置になると、棘は神秘的思想で過去を象徴する、左側に向きを変えます。どちらの向きでも、棘の痛みの強さはそれほど変わりありません。しかし、逆位置では、望む結果を得られない、苦痛なだけの状況が訪れるのです。

逆位置での恋愛【傷つくだけの恋愛】

残酷な異性の態度に、苦しむ心配があります。純粋に向き合おうとしても、相手は遊びや金銭が目当てで、誠意のかけらもないでしょう。言葉で傷つけて楽しむような、残忍性もありそうです。不倫や略奪愛に巻き込まれ、自分だけが傷つく結果になる可能性も考えられます。それはすべて、あなたの潜在意識が引き寄せたことなのです。

♠アドバイス

まずは、自分の心の奥底に潜む、「自分は愛される価値がない」や「苦しむのは仕方がない」という意識を捨てましょう。不倫や略奪愛に関わるのは、「二番目でも構わない」などと、自分を粗末に思っている証拠です。また、異性の甘い言葉に、警戒心を持ってください。遊び慣れている異性ほど、簡単に相手を感激させられるのです。

逆位置での結婚【残忍性のある配偶者】

婚活中なら、理想の相手が見つからない焦りや不安から、簡単に結婚詐欺に引っかかりがちです。「いつか結婚しよう」という口先だけの言葉を信じ、貴重な時間を無駄に費やすかもしれません。既婚であれば、配偶者の冷たさや残忍性に振り回され、精神的苦痛の絶えない生活になる心配が。立て直すには、多大な時間を要します。

♠アドバイス

配偶者や結婚したい人に寄りかかる気持ちが、自分を窮地に追い込みます。相手はあなたが思っているほど、頼もしく信頼できる人ではないのです。相手に何かを期待する前に、自立することを考えましょう。交友関係や知識、技術を磨くことを優先し、自分の人間力を高めて。そこでようやく、相手はあなたの魅力を、再確認するのです。

逆位置での仕事【利己的な態度が失敗を招く】

仕事に私情が入り込み、冷静な取り組みが困難な時です。やりたくない仕事や上司の理不尽な態度など、不満がつぎつぎと出てきて、働き甲斐を感じにくいでしょう。また、自分だけ得をすればよいという意識が、ずさんな仕事を生みます。それが災いして、周囲の信頼を失う可能性も。視野が狭まっていることが、問題を招くのです。

♠アドバイス

仕事の存在意義とは、「収入を得ること」の他に、「社会や人々に貢献すること」が挙げられます。今のあなたにとっての仕事は、「自分のメリットを得るもの」という意識が、強すぎるのかもしれません。また、仕事仲間との充実した交流も、仕事の存在意義の一つです。それらを踏まえ、今の仕事について、再考してみましょう。

逆位置での友人（人間関係）【恨みや妬みが渦巻く交際】

周囲には、悪意を持つ人が多く存在している可能性があります。嫌な役割を押しつけられ、辟易しているのではないでしょうか。また、裏切ったり裏切られたりという深刻な状況に、心が休まる暇がありません。陰口や中傷、足の引っ張り合いにも関わり、不信感が強まりそうです。恨みや妬《ねた》みの渦の中に、身を置いた状態なのです。

♠アドバイス

悪口が飛び交うなど、周囲の波動が低いと感じたら、その波動に合わせてはいけません。合わせれば合わせるほど、あなたも悪口や陰口の被害者として、定着します。ネガティブな言葉は聞き流し、ポジティブな言葉を発しましょう。嫌味など意地の悪い言葉にも、笑顔で対応して。そんなあなたに相応しい人達が、自然と集うはずです。

逆位置での家庭（人間関係）【精神的虐待に苦しむ家庭】

今の家庭には、殺伐としたムードが流れ、あなたの精神を蝕んでいます。それは、家族があなたを尊重することを、忘れているからです。近しい関係であることが災いして、少々あなたを乱暴に扱っても構わない、と思っているのかもしれません。かなりこじれた状態ですから、穏やかな関係に修復するには、きっかけや時間を要します。

♠アドバイス

家族関係は、もがくほど混乱しますから、意識を離すことが肝要です。今の家庭から、あなたが学べることや、受け取れることはありません。家庭から離れ、外の世界に目や足を向けましょう。もしくは、あなたが家族の誰かを、無意識のうちに追い込んでいないか確認して。普段からの家族への言動を、振り返ってみてください。

逆位置での健康【自虐的な健康管理】

困ったことに、かなり荒れた健康状態です。それは、普段から健康を度外視し、一時的な快楽を優先してきたツケが、回っているからといえます。例えば、喫煙や大量の飲酒をやめられなかったり、食事なら、栄養面よりも味を優先し、脂分や糖分ばかり摂取したりしてきたのでしょう。無理なダイエットも、健康に悪影響を与える要因です。

♠アドバイス

心の奥底にある、「今さえ良ければいい」や「未来に興味がない」という意識を、改革する必要があります。健康管理に無関心なのは、自分の未来への責任を、放棄しているといえるのです。未来の夢を具体的に頭の中に描き、そのために今、何をやるべきなのかを考えてください。その上で、生活態度や食事の内容を、改善しましょう。

逆位置での願い事【強欲さ故に叶わない願い事】

その願い事が叶う可能性は、かなり低いといえます。何故ならば、周囲を敵対視した上で、自分の得だけを求める、利己的な願い事であるためです。神様はそれをお見通しですから、叶える手助けをしてくれないのです。逆に、その願い事に執着すればするほど、状況が悪化するでしょう。それは、あなたに気づきを与えるためです。

♠アドバイス

願い事の内容を、根本的に見直す必要があります。その願い事が叶うことで、悲しむ人や苦しむ人がどれだけいるかを、考えてください。そして、少しでも多くの人が喜ぶ願い事へと、内容を変化させましょう。それが苦痛であれば、少し頭を休めて、深呼吸して。自然の中で過ごし、心身を浄化した後に、再考することがオススメです。

アンスール

有意義で役に立つ
情報や知識

恋愛【話し合いが活発な恋愛】

情緒的要素より、会話や情報交換など、知的要素が高い恋愛に縁があります。異性と素直な気持ちを話し合えるため、意志の疎通がスムーズで、相手を信頼できるはず。異性からのメールや電話の連絡も多く、楽しい恋愛状況になりそうです。ただし、合理的に考える分、恋愛の甘いムードとは疎遠に。友情に近い、爽やかな恋愛なのです。

♠アドバイス

心を震わせる純愛とは程遠いものの、気軽な友達感覚で、複数の異性との会話が楽しめます。無理に一人の異性に絞ろうと思わず、いろいろな異性との連絡や食事を楽しみましょう。頭の回転が速く、多くの知識を持つ異性が、本命候補としてオススメです。また、さまざまな情報を仕入れて話題を豊富にすることが、恋を成功させる鍵です。

結婚【結婚成就のための良い情報】

婚活中の人は、結婚に関する良い情報が入りそうです。それは、友人知人からの情報の場合もありますが、それ以上に、結婚紹介所を通しての縁やインターネットに掲載されている結婚成就の秘訣など、何かの情報媒体を通しての可能性が高いでしょう。恋人がいる人は、話し合いを通して、結婚の承諾をもらえる可能性が濃厚です。

♠アドバイス

少しでも多くの情報をかき集めることが、結婚を成功させる鍵です。まずは、結婚願望があるということを、周囲にさり気なく伝えましょう。世話好きな人が、結婚に適した異性を、紹介してくれるかもしれません。本気度が高ければ、婚活パーティーへの積極的な参加や、結婚紹介所への登録を検討して。数打つことが、大切なのです。

仕事【知性を活用できる仕事】

豊富な知識と頭の回転の速さを活かし、仕事が順調に進むでしょう。仕事仲間や取引先との打ち合わせもスムーズで、多くの企画案が成立するはず。豊かな人脈を持っているため、いざという時の助言や援助にも恵まれ、流れが滞ることがありません。特に、教職や研究職、執筆業など、知的能力を活かせる職業には、幸運があります。

♠アドバイス

考えを口に出すことが重要であると、「アンスール」は告げています。「言わなくてもわかるだろう」と思っても、意外と気持ちは伝わらないもの。仕事への意気込み、成し遂げたいこと、不安を抱えていることなど、すべての気持ちを話しましょう。人脈を築くことも、大切な要素です。さまざまな職種の知人に、マメに連絡を入れて。

友人（人間関係）【情報を交換し合える関係】

人間関係を占った時に、「アンスール」が出るのは、ベストといっても過言ではありません。多くの友人知人と楽しく連絡を取り合い、集まりではさまざまな話題が飛び交い、会話が弾むでしょう。友達の友達はまた友達……と、仲間の輪が広がっていく予感も。ただし、表面的な話題が多く、悩みや愚痴を出しにくい点は否めません。

♠アドバイス

情報や知識を人前で惜しみなく出すことで、巡り巡って、多くを得られます。いろいろな人と知り合う時ですから、人の好き嫌いはできるだけ考えないようにしましょう。嫌だなと思う人でも、面と向かって話してみると、多くを誤解していたことに気がつきます。同時に、自分にはない発想を教わり、視野や世界観が広がるはずです。

家庭（人間関係）【本音を話し合える家庭】

家族の間で、本心を出し合っての会話が活発に交わされます。そのため、日頃から誰がどのような考えを持っているかが明確にわかり、家族に不信感や猜疑心《さいぎしん》を持つことはありません。共通の話題も多く、話す内容には事欠かないでしょう。悩み事を家族に相談すれば、的確な助言を受けられます。家族の存在が、知的な支えになるのです。

♠アドバイス

家族があなたに与える情報や助言は、実際に役立つ、有意義なものです。普段から、家族に自分の状況や考えを言葉で伝え、何かで困ったことがあれば、家族に相談を持ちかけましょう。離れた場所に住む家族がいるのなら、手紙やメールで頻繁なやり取りを心がけて。交わす言葉の量が多いほど、心のつながりが強化されるのです。

健康【健康作りに役立つ情報】

既にあなたは、健康作りに関する正しい見解を持っています。それを踏まえて、情報を選別できるため、さらに健康の正しい知識や情報を、重ねられるでしょう。健康を害している人は、治療に関する良い情報を入手して、速やかに回復に向かいます。良い病院や医師にも、恵まれる時です。的確な診察や診断を受けられるでしょう。

♠アドバイス

「アンスール」が示す言葉や知識が、健康に対して重要になります。診察を受ける際には、症状や気持ちをできるだけ詳細に伝え、同時に医師の説明も聞き逃さないよう、しっかりと耳を傾けましょう。普段から、健康雑誌や書籍、健康関係のサイトやテレビ番組に、意識を向けるのもオススメ。健康的な生活に、無理なく移行できます。

願い事【予想通りに叶う願い事】

願い事が叶う可能性は高いでしょう。それは、その願い事実現のための人材や情報が、自然と集まってくるからのようです。既に頭の中では、どの経路をたどればその願い事が叶うのかが、わかっているはずです。ですから、願い事を叶えるために、あれこれと考えあぐねることもなければ、叶わないことを心配することもないのです。

♠アドバイス

願い事が大きいものであるほど、実現させるための具体的な計画を、練らなければいけません。どのような大規模な物事でも、小さな物事の積み重ねや組み立てにより、成り立っています。願い事を分析して、細かいパーツに分け、何の要素が必要なのかを把握しましょう。その構成要素を一つひとつかたちにする、手立てが大切です。

アンスールの逆位置

正位置との大きな違い

正位置での「アンスール」の文字は、半分になった二重の矢印が上を指し、知恵や知識により、精神が向上することをイメージさせます。

しかし、逆位置になると下を指し、知恵や知識によって精神が堕落すること、すなわち、嘘や軽薄な内容の情報に、翻弄《ほんろう》されることなどを示します。虚偽の情報に振り回されたり、必要な情報を得られずに途方に暮れたりと、無知蒙昧《むちもうまい》に苦しめられるでしょう。オーディンの知恵を、得られなくなる状態です。

逆位置での恋愛【真剣味に欠ける恋】

本音を言わずに嘘偽りが多かったり、表面的な会話で終始したりと、言葉によるコミュニケーションが不足した恋愛を示します。そこには、真の愛情は存在せず、「取りあえず」連絡を取り合い、「取りあえず」恋愛の形式を取っている状態であるといえます。真剣味がないため、複数の異性とのかけ持ちの交際にも、抵抗がありません。

♠アドバイス

「恋人がいないと、恥ずかしい」とか「恋をしないと、つまらない」と思っていませんか? そうした意識が「取りあえず」の気持ちを生み、好きでもない異性達に、メールをまき散らして、周辺にかき集めたり、取り繕った言葉で、無理に自分を高く見せたりするのです。二番煎じを集めても、本物にはならないことを、肝に銘じてください。

逆位置での結婚【虚偽が多い結婚情報】

婚活中の人は、偽の情報に振り回される心配があります。例えば、紹介された異性が、年齢や経歴を偽っているかもしれません。婚活パーティーなどに参加しても、条件の合う異性に巡り合えない気配もあります。既に恋人がいる場合は、相手が結婚に無関心で、進展を見込みにくい模様。結婚成就への道が、なかなか整わないのです。

♠アドバイス

結婚に進むには、まだタイミングが早いのかもしれません。焦って動けば動くほど、偽の情報をつかまされたり、結婚に向かない異性に、引っかかったりしがちです。婚活中であれば、社会的に信頼できる組織に、紹介を頼みましょう。結婚成就の結果だけに目を向けず、時間をかけて相手を理解するなど、プロセスも重視してください。

逆位置での仕事【情報不足やミスによる失敗】

「アンスール」が示す情報や知識に、障害やノイズが入り、それが仕事に支障を来します。偽りの情報を鵜呑みにして、判断ミスを犯したり、大切な書類を紛失して、大問題に発展したりしそう。頭の回転が鈍くなっているため、うっかりミスも重ねがちに。特に、待ち合わせ日時の間違いやメールの未送信など、連絡ミスに要注意です。

♠アドバイス

人の言葉を信じて失敗しがちですから、調べて言葉の裏づけを取り、確認する癖をつけましょう。特に、「簡単に儲かる」など誇張した情報には、強い警戒心が必要です。美味しい話ほど、裏があると思ってよいでしょう。また、処理能力や判断力は、思っているほど鋭くありません。小さな作業でも、丁寧に確認しながら進めましょう。

逆位置での友人（人間関係）【嘘が多く誠意のない関係】

本音を話し合う機会が少ない、その場しのぎの交際を暗示します。交わす言葉数は多くても、会話に心がこもらないため、友情が深まりにくい様子。交友関係を続ける意志がない分、嘘や思いつきの発言も増えがちです。相手に何かを期待しても、呆気なく裏切られるでしょう。また、人との交流が、全体的に少ないことも示します。

♠アドバイス

表面的な言動だけで、人を判断することが、対人面での問題につながります。一見、良い人に思える人ほど、実は裏表があったりするもの。逆に近づきがたい人が、温かい心を秘めている場合が多いのです。言葉より行動に注目して、人間の本質を見極めましょう。また、連絡の返信は必ず丁寧に行うことで、人間関係が豊かになります。

逆位置での家庭（人間関係）【交流不足が誤解を招く家庭】

家族の意識が皆、べつべつの方向を向いていて、本音を語り合う場面が少ないようです。それが家族への理解を妨げ、誤解や不信感を招く大きな要因に。それなりに会話をしているように見えて、本心はつながっていないのです。家族に関する嫌な噂や情報を耳にしたり、遠くに住む家族との連絡が途絶えたりする可能性も考えられます。

♠アドバイス

家族の関心が外を向くということは、家庭内に興味を引くものがないからともいえます。そして、今の家族をまとめるものは、共通の話題です。家族の趣味に関するものをリビングに置いたり、美味しい料理やお菓子を用意したりと、家族が顔を合わせ、笑顔で話せる状況を作ってみましょう。明るく声をかけることも、忘れずに。

逆位置での健康【間違った健康情報】

健康上の判断ミスなど、間違った健康情報に注意したい時です。特に、体調不良の場合、病院に行かずに誤った自己診断を行い、健康状態が悪化する場面があるかもしれません。それと同時に、医師の誤診も心配です。また、テレビなどで誤った健康情報を入手し、健康作りのために、無駄な労力を費やす……という可能性もあります。

♠アドバイス

体調が悪いと感じたら、自己診断は避けましょう。医学知識のない友人知人に相談しても、的確な診断は得られません。放っておけば治ると楽観視せず、専門医に相談することが大切です。しかし同時に、医師の誤診にも、警戒しなければなりません。セカンド・オピニオンで、万全な対策をはかってください。薬の飲み違いにもご注意を。

逆位置での願い事【情報不足が妨げる願い事】

その願い事が叶う可能性は、残念ながら低いでしょう。それは、その願い事実現のために必要な情報や知識、人材が、不足しているためです。それらは、すぐに集められるものではありません。願い事が叶うタイミングは、今の段階では、まだ早いといえるのです。それは、下準備をしないまま、願い事実現を求めた結果であるといえます。

♠アドバイス

願い事を叶えたいと強く願うのであれば、実現までに時間がかかることを、覚悟しなくてはなりません。その願い事は、魔法のように一朝一夕で叶うものではなく、土台を固める準備が必要です。ただ他力本願で待っていても、何も変わりません。願い事を叶えるために、自分は何をするべきなのか、リストアップしてみてください。

ラド

馬車のようにスピーディーな
移動や旅行

恋愛【順調に進展する恋】

出会ってから時間をかけずに、トントン拍子に恋愛交際へと進んでいきます。妨害するものは何もなく、その流れは車輪が転がるように、滞りがありません。また、このルーンは旅行も示すことから、恋人募集中の人は、旅先での出会いが期待できます。グループ旅行を通して、異性の友人との間に、恋が芽生える可能性もあります。

♠アドバイス

「ラド」が示す恋愛は、迅速に進展します。ですから、目の前の異性に警戒心を持ったり、慎重に進めることを意識したりしていると、せっかくのチャンスを逃します。ピンとくる異性がいたら、すぐに声をかけてみましょう。また、想定外の異性に誘われても、乗ってみることが大切。恋はどこから降ってくるか、わからないのです。

結婚【迅速に決まる結婚】

「この人と結婚するかも」と感じてから、実際に結婚するまでの期間は、短いようです。並んで回る二つの車輪のように、二人の気持ちは連合し、共鳴し合うのです。その迅速さに、周囲の人達は驚きますが、気にする必要はありません。基本的に結婚は、二人の共同作業なのです。お見合いや紹介話も、順調に結婚へと進むでしょう。

♠アドバイス

「ラド」はあなたに、「結婚に関する常識は捨てなさい」と告げています。交際期間の長さや出会いの場面、国籍など、そういった外面的条件は、必要ないのです。必要なのは、二人の結婚への意志が、固いかどうかだけです。お互いの意志の固さを確認したら、のんびりしていてはいけません。すぐにでも、式場の予約を検討しましょう。

仕事【目標へのリズミカルな前進】

自分の仕事の到達地点がどこであるかを、しっかり認識できているため、迷うことなく、その目的地へ向かって前進できます。途中で足止めを食らうこともなく、リズミカルにスムーズに、一直線に進めるでしょう。企画案を温めているなら、実行に移す好機が訪れます。重要な交渉事も、全面的に要望を認められ、成立するでしょう。

♠アドバイス

車輪が一直線に進むことを得意とするように、目標は一つに絞り、それだけに意識を集中しましょう。あちこちに目移りしたり、何度も方向転換したりすると、到達時間は、めっきり遅くなってしまいます。また、夢や目標があるのに、行動を起こしていないのなら、今が動く好機。先を考えすぎることなく、第一歩を踏み出しましょう。

友人（人間関係）【積極的に取るコミュニケーション】

あなたもしくは友人が、積極的にコンタクトを取り、活発な交友関係が形成されます。共通の趣味や旅行、イベントなどが絡み、開放的で楽しみの多い交際になるでしょう。ただし、楽しみ事が終了したら、自然と解散になる……という、根本的なつながりは弱い関係になりがちに。旅行先で、印象深い人物と出会える暗示もあります。

♠アドバイス

「ラド」は、思い切って動くことで、状況が活性化されることを告げています。ですから、気になる友人知人が動いてこないのなら、自分から気軽に声をかけるべきです。意外と相手が好反応で、動いて良かったと思えるでしょう。また、周囲の環境を変えることも、プラスになります。退屈な環境は、捨て去る勇気を持ってください。

家庭（人間関係）【共通の夢や目標を追う家族】

一家が馬車に乗り、共に目的地へ向かっている状況を示します。家族共通の夢や目標を掲げ、それに向かい、一家で手を取り合って、前進できるでしょう。同じ目標が、家族の絆を強めるのです。また、遠くに住む家族や親類が遊びに来るなど、交流が活発に。たとえ短期間の交流であっても、旅行を楽しむような、非日常性を味わえます。

♠アドバイス

家族関係に停滞感や虚無感があるなら、イベント性を取り入れましょう。家族での観光旅行のほか、誕生日や記念日を祝ったり、家族でできるゲームを楽しんだりするのがオススメ。心に深く入り込もうとするより、一緒に軽く楽しんだ方が、結果的には心を分かち合えるのです。遠く離れている家族に、会いにいく好機でもあります。

健康【急速に回復に向かう症状】

体調を崩して心配している人は、予想以上に急速に回復に向かい、安堵できる気配があります。普段から運動や食生活に気を遣うなどして、基礎体力に恵まれていることが、良いファクターとなっているはず。また、適切な治療を受けられ、治療期間が最短で済む可能性も。特に手術は成功率が高く、驚くほど元気になれるでしょう。

♠アドバイス

「すぐに行動を起こすこと」が、健康管理のために、重要な要素です。体調不良を感じたら、すぐに休憩を取ること、そして、すぐに検診を受けることを心がけて。場合によっては、病にまで急速に進む可能性も、決して否定できないのです。また、運動で足腰を鍛えることも、重要なポイント。自転車に乗り、遠出をするとよいでしょう。

願い事【すぐに実現する願い事】

その願い事は、驚くほど迅速に実現しそうです。あなた自身も、叶うか叶わないかの結果が出るのは、それほど遠い未来ではないと、知っているのかもしれません。必要な人や情報がすべて迅速に揃い、願い事が叶うための状況が、早く形成されます。その上で、あなた自身の迅速な決断と行動が引き金になり、願いが叶うのです。

♠アドバイス

願い事を叶えるためには、やはり、自分自身の行動が最重要。いつまでも考え込まず、大きな一歩を踏み出しましょう。しかし、あれこれと試行錯誤を重ね、計算ずくで動く必要はありません。その願い事が叶うメカニズムは、思っているよりずっとシンプルな構造です。あなたはただ、正面だけを見つめて、走り続ければよいのです。

ラドの逆位置

正位置との大きな違い

正位置では、まるで馬車の車輪がリズミカルに転がっていくように、物事が順調かつ迅速に進むことを示していました。それが逆位置になると、進行方向に障害が生じ、物事が停止や停滞、延期されることを示します。

馬車の車輪がきしんで故障したり、巨大な岩や倒木が道に横たわっていたりと、小休止せざるを得ない状況が訪れるのです。それは、実現困難な急すぎる計画を立て、先を急いだことにより生じる、弊害といえるかもしれません。

逆位置での恋愛【障害が進展を阻む恋】

順調だった恋愛に障害が入り、交際に陰りが生じがちです。その障害にはさまざまなものが考えられますが、「流れが変わる」というのが、主な要因の様子。例えば、どちらかの転勤や引越しにより、遠距離恋愛になったり、二人をつないでいた趣味を、片方がやめたりするのかもしれません。突然流れが変わり、動揺が生じるのです。

♠アドバイス

このルーンは、決して恋の終わりを告げているわけではありません。恋に障害が入っても、乗り越えられるかどうかは、本気度にかかっているのです。しばらく連絡やデートができない状態に陥っても、忍耐強く待てるかどうかが、鍵になります。しかし、相手の逃走を意味する時もあります。その場合も、追わずに待つ姿勢が必要です。

逆位置での結婚【頓挫しがちな結婚話】

ある程度、結婚の意向が固まっていた二人であっても、突然結婚の話が頓挫《とんざ》する心配があります。それは、どちらかの環境や心理が大きく変化し、結婚を受け入れにくくなるからです。また、二人の価値観が違っていることも、表面化してくるかもしれません。結婚を確定するには、今一つタイミングが合わない状態といえるのです。

♠アドバイス

結婚を成就させるには、相手と足並みを揃えなければいけません。今の状態では、あなたが追って、異性が逃げるパターンが増えそうです。その原因として、結婚を急ぎすぎていること、自己主張が強いことが挙げられます。しかし、タイミングが合わないということは、時期尚早ということ。肩の力を抜き、待つ姿勢を持ちましょう。

逆位置での仕事【停止や遅延で予定が狂う】

既に仕事の目標が決まって、動き出している状態でも、予定が狂い、計画を変更せざるを得なくなる状況が訪れます。それは、取引先の都合で、突然の方向転換を余儀なくされることかもしれません。急な横槍を受け、しばらくの間、状況は混乱しがちです。また、期待していた仕事が入らなかったり、連絡が遅れたりする傾向もあります。

♠アドバイス

突然訪れる予想外の仕事の頓挫は、防ごうと思って防げるものではありません。ですから、そうした状態が訪れても、ジタバタして難を逃れようとするのではなく、潔く受け入れてください。すぐに方向転換を考える、臨機応変さも必要です。また、取引先や仕事仲間が離れる場合もありますが、去る者は追わない方がよいでしょう。

逆位置での友人（人間関係）【価値観が合わない友人】

一緒にいても歩調を合わせるのが困難で、一体感を味わいにくい、友人知人を示します。根本的な価値観が違うことが、その要因といえるでしょう。また、あなたが親しくなりたいと思っても、相手は常に逃げ腰であるなど、交際に求めるものも違う様子。逆に相手に追われれば逃げたくなり、常に何かがずれている状態といえます。

♠アドバイス

すべての人と仲良くならなければ、と思う必要はありません。この世界には、あなたと非常に強力な縁で結ばれる人もいれば、それとは裏腹に、何をやっても噛み合わない、という人も存在します。そうした人達は、あなたとは違ったところで、別の人間関係を築いていきます。縁を断絶した方がお互いのため、という場合もあるのです。

逆位置での家庭（人間関係）【違う目的意識を持つ家族】

家族それぞれが、べつべつの人生目標を携え、べつべつの方向を向いているようです。家族が持つ目標や人生観を、批判したくなることも。そのため、会話をしても噛み合わず、自然と家族の絆が薄れるでしょう。次第に家族が顔を合わせる時間が減り、それがさらに、家族の絆を弱めるという悪循環に。共通の話題の乏しさが原因です。

♠アドバイス

家族といっても、自分とは違う別の人間ですから、何かを強要することはできません。ましてや無理強いして、自分と同じ人生観や目標を持たせることは、無意味といってもよいでしょう。そうしたことを念頭に置き、相手の価値観、人生観を、尊重することが大切です。反駁《はんばく》することなく承認することで、家族の絆がつながるのです。

逆位置での健康【回復に時間がかかる症状】

現在健康であれば、突然襲う体調不良に警戒が必要です。少しでも症状が出ると、短時間で急激に悪化する恐れがありますから、油断は禁物。また、現在悪い症状を抱えているなら、一進一退を繰り返し、回復までには時間がかかる傾向があります。途中で絶望や不安を感じても、根気よく治療を続ければ、次第に軽くなるでしょう。

♠アドバイス

元気であっても、突然健康を害する心配があるので、慎重に過ごしましょう。特に、乗り物による転倒や事故には、十分警戒したい時です。自転車や自動車の使用を避け、徒歩の時間を増やしてみましょう。また、インフルエンザなど感染症の流行時は、マスクの装着とうがい、手洗いを怠らずに。「備えあれば憂いなし」で過ごせます。

逆位置での願い事【途中で内容が変わる願い事】

願い事が叶う可能性は、かなり低いようです。しかし叶わないことが、かえってあなたを安堵させる結果になるでしょう。それは、途中でその願い事の内容が、変更されるからと考えられます。それほど遠くない未来に、急にその願い事に、無関心になる可能性があるのです。その代わり、全く別の願い事が気になっていくのでしょう。

♠アドバイス

その願い事の実現を思いながらも、心の奥では「何かが違う」と勘づいていそうです。それは、永続性のない幸福しか得られないことや、分不相応であることが、わかっているからかもしれません。それを念頭に置き、ゆっくりと、その願い事について考察しましょう。今、本当に必要なものは何なのかが、見えてくるはずです。

ケン

情熱を燃やして新鮮な世界に
飛び込み、物事を開始する

恋愛【情熱的な恋のスタート】

一目惚れのように直感的に始まり、一気に情熱が高まっていく、ドラマチックな恋愛が期待できます。まだ出会ったばかりの二人の間には、信頼という文字はありません。経験や常識を乗り越えた、強力なインスピレーションが、二人をつなぐのです。しかし、恋の開始は衝撃的ですが、情熱を継続できるかは、また別の問題になります。

♠アドバイス

条件や思索より、直感や感性を活かして恋人を選びましょう。相手の職業や年齢、収入がどうであるかは、もはや関係ありません。今のあなたには、運命の恋愛や出会いが用意されています。それを見極める手段は、直感だけなのです。その恋は、永続性には欠けるかもしれません。しかし、人生に華やかな彩りを添えることは、確実です。

結婚【勢いで結婚に突き進む二人】

両想いが成就したら、間髪置かずに、結婚への情熱が燃え上がります。「生涯、この人しかいない」という盲目的な情愛が、瞬時に結婚を決意させるのです。そこには、現実的な生活設計は、存在しないでしょう。精神性が高い「ケン」は、結婚を決意できても、実際に形にするのに困難を伴います。そこから先が、真の勝負といえるのです。

♠アドバイス

あなたの結婚への情熱は、非常に強いものでしょう。しかし、結婚に対する現実的な思考が抜け落ちていないか、確認してみてください。男性であれば、毎月の給料を相手に渡さなければなりませんし、女性であれば、毎日料理を作らなければなりません。結婚は、おとぎ話の中の幸せな結末ではなく、現実的生活のスタートなのです。

仕事【やり甲斐と活気に満ちた仕事】

情熱を燃やして意気揚々と仕事に取り組める、やり甲斐と活気に満ちた状況が訪れます。それは、長く希望していた好きな仕事を開始したり、成功報酬の高い仕事を、任されたりするためです。心の中は「やってやる！」という希望に満ちあふれ、開始直後は、寝食も惜しんで頑張るでしょう。そのため、成果が出るのも早いはずです。

♠アドバイス

スタートダッシュが良いというのが、「ケン」の特徴です。ですから、やり甲斐のある仕事を始めた直後が、一番勢いは強く、時間の経過に比例して、情熱度は落ちていってしまいます。長期計画を立てず、なるべく短期間で仕上げることが大切。また、長く温めている計画があれば、実行に移す好機。今なら成功をつかめるでしょう。

友人（人間関係）【気が合う人達との新しい交際】

共鳴し合う人達との出会いに恵まれ、新鮮味あふれる交際がスタートします。主義もテンションの高さも合い、時間を忘れるほど、会話が盛り上がるでしょう。かといって束縛し合うことなく、お互いの意志を尊重し合えるはずです。しかし、時間が経つにしたがいテンションは落ち、尻切れトンボの一時的な関係になりかねません。

♠アドバイス

新しい人間関係がスタートするということは、それまでの人間関係とは、距離を置くということ。すなわち、交友関係の転換期であるといえます。「長い縁の人達を、放っておいていいのかな」と不安がよぎりますが、それも自然の流れですから、気にする必要はありません。新たな人生を切り開くには、人間関係の刷新は必須なのです。

家庭（人間関係）【未来への希望が輝く家庭】

停滞していた家族関係の中にも、新鮮な風が吹き込みそうです。喜びと驚きを感じる意外な出来事が、家庭内のムードを、一気に明るく盛り上げるはず。例えば、家族の誰かが大きな賞を取ることや、志望校に合格することなどが挙げられます。「家族の未来は明るい」という希望が湧き、家族水入らずで、笑顔で語り合えるでしょう。

♠アドバイス

家族の精神が寛大ですから、未来への夢や希望を語ると、受け入れてくれる時です。その夢が大きければ大きいほど、あなたを見直し、応援してくれるでしょう。人知れず抱えていた願望であれば、思い切って、カミングアウトしてみてください。また、部屋の模様替えや壁紙の交換などで、住居に新鮮な空気を吹き込むことがオススメです。

健康【精神力の強さが回復を呼ぶ】

精神的エネルギーが強く、物事をポジティブに捉えられることが、健康にも好影響を与えます。疲れを感じることもなく、少々の身体の不調は、気力で吹き飛ばすことができるでしょう。免疫力が高まっている状態なのです。ただし、好きな物事に没頭すると、健康を度外視しがち。頭脳の酷使による、頭痛や目の疲れには要注意です。

♠アドバイス

自分の感情や情報、知識に意識が集中するため、身体から発する悲鳴に気づきにくくなっています。特に、何かに夢中になっている時は、その傾向大。意識が頭に集中しすぎていますから、ときどき、自分の足に意識を向けてみましょう。足湯や半身浴で、心身のバランスを取り戻せます。その上で、三度の食事や睡眠時間の確保を忘れずに。

願い事【神様に届く願い事への情熱】

願い事が叶う可能性は、高いでしょう。既に、あなたはその願い事が叶うことを予感していて、心の底にはキラリと輝く、希望の光があるはずです。決して無理難題で無謀な願い事ではなく、手の届く位置にある、実現しやすい願い事であるといえるのです。また、あなたの願い事への燃えたぎる情熱を、神様が感じ取ってくれるはずです。

♠アドバイス

願い事が叶う可能性は高いのですから、あれこれと試行錯誤を重ねることなく、あくまでも自然体で、実現に向かって努力を続けましょう。既に、あなたの願い事は、複数の神様に届いているはず。ですから、改めて神社仏閣へ行って、参拝する必要はありません。日頃から願い事が叶うイメージを浮かべ、気分を高揚させてください。

ケンの逆位置

正位置との大きな違い

正位置の「ケン」の文字は、未来を司る右側に、大きく開いていています。まさに「ケン」が、未来志向性の強いルーンであることがうかがえます。

しかし、逆位置になると、文字は過去を司る左側に開き、未来に背を向ける形に変わってしまいます。これは、正位置で強調されていた未来への希望が、消滅することを示しています。期待通りの結果を得られないことから、燃えていた情熱や自信が失せ、進んでいた状況も、停滞してしまうのです。

逆位置での恋愛【情熱が冷めていく恋】

燃えていた恋の情熱が、次第に冷めていくことを示しています。もともと、情動や直感のみでスタートした、見切り発車の恋愛だったのかもしれません。お互いの内面がわかるにつれて、「何かが違う」と気づくのです。恋人募集中なら、「頑張っても無駄だろう」という自信のなさが災いして、恋のきっかけをつかみにくいようです。

♠アドバイス

恋愛状況の好転を求める前に、情熱を高めることが先決です。恋愛は、基本的に情念に基づいて成立しますから、情熱が冷めてしまっては、どうすることもできません。自分の心を欺くことなく、愛情が冷めたことを、冷静に受け止めて。相手の情熱が冷める場合もありますが、しがみつくほど冷却に加速がつくのは、周知の通りです。

逆位置での結婚【薄れていく結婚願望】

結婚への憧れや情熱が薄れ、結婚願望がなくなりそうです。結婚のことを考えると、「面倒臭い」という、投げやりな気分に陥りがちに。結婚は生活であり、決して幸福なだけではないと、認識しているからかもしれません。また、婚約の話が立ち消える可能性も。その理由はどうであれ、時期尚早ということは、間違いないでしょう。

♠アドバイス

単なる勢いだけでも、結婚はできてしまうものですが、それが頓挫するのは、慎重に考えることが必要だからかもしれません。また、直感的に「この人ではない」ということがわかり、ブレーキがかかるのでしょう。婚活中の人も、まだ一人で何かを模索する必要がありそうです。それは、人に頼らない自助能力の確立かもしれません。

逆位置での仕事【ヤル気が出ず成績下降を招く】

仕事を頑張るモチベーションが上がらず、成績下降に苦しみがちです。それは、やりたいと思える仕事ではなかったり、苦手意識を感じる内容だったりするからのようです。周りからお尻を叩かれても、気分はグッタリしたままに。飽きやマンネリも、意欲が出ない要因かもしれません。頑張るための目的が、見出せない状態なのです。

♠アドバイス

今のあなたは、「社会に役立つ」や「能力を活かす」という、やり甲斐を求めすぎているのでしょう。仕事が持つ意味に、「収入を得ること」があることを、思い出してください。それを一番の目的とすれば、倦怠《けんたい》感《かん》は和らぐはずです。また、精神面でのスタミナ不足も、影響しています。休日は仕事から離れ、気分転換を図りましょう。

逆位置での友人（人間関係）【疎遠になりがちな交友関係】

交友関係を維持するエネルギーに欠け、自然消滅になる心配があります。それは、お互いの間につなぐものがなくなるか、性格や価値観が合わないことに、気づくからだといえるでしょう。せっかく連絡を入れても、反応が乏しく、がっかりしてしまうことも。盛り上がっていた交際ほど急速に、精神的つながりが薄れていくのです。

♠アドバイス

努力しても縁が切れていくということは、今後、相手と交際しても、お互いに得られるものがない、という証です。無理をして会ってみても、人生観がずれているため、会話が弾まなかったり、相手の考えを否定したくなったりするでしょう。あくまでも一時的な縁であったと、割り切るのが正解です。再び、新たな交友関係が始まるでしょう。

逆位置での家庭（人間関係）【精神的絆が薄れる家族】

表面的な会話はあっても、深い部分での精神的つながりが、薄れていくようです。それは、家族それぞれの意識が外を向き、家庭のことを忘れがちになるからといえるでしょう。家庭は帰って食べて寝るところ、という立ち位置になり、お互いのことに無関心になりやすいのです。家庭に関する未来への希望がないことも、一因です。

♠アドバイス

家族は皆、エネルギーはありますから、共通の話題や一緒にできる物事があれば、すぐに意気投合するでしょう。特にオススメなのは、休日にスポーツやゲームを楽しむこと。一家総出で、山登りやスキーに挑戦してみてください。また、家庭に関する未来の目標を設定することも、効果があります。紙に書き、壁に張るとよいでしょう。

逆位置での健康【気力不足によるスタミナ切れ】

精神的な落ち込みや疲労が、健康に強く影響を及ぼします。今まで何かを頑張り続けていた人は、燃え尽き症候群に陥っている可能性が。それが心身症やうつ病に発展し、頭痛や腹痛が増える要因になりがちです。また、気力不足が肉体のスタミナまでも、ダウンさせます。疲れやすいのは身体にではなく、精神に原因があるのです。

♠アドバイス

健康に不安を感じたら、病院へ行くことは大切です。しかし、今のあなたには、身体的な異常は見つからないかもしれません。そのため、「気のせい」などと勘違いしそうです。健康診断を受ける前に、自分で自分の気分や感情をチェックしましょう。ヤル気が減退していると感じるなら、まずは心の休息時間を増やしてみるべきです。

逆位置での願い事【既に必要性のない願い事】

実は、あなたは心の奥で、「その願い事は、別に叶わなくてもいい」と感じているかもしれません。過去のあなたにとっては切実な願いであっても、現在のあなたにとっては、既に不要な願い事である可能性が高いのです。そのため、叶う可能性は低いといわざるを得ません。願い事実現への情熱が、薄れていることが要因といえます。

♠アドバイス

切実さに欠ける願い事や、それほど叶う必要がない願い事は、叶いにくいと覚えておきましょう。あなたにとって必要がない願い事を叶えるほど、神様は親切ではなく、暇でもないのです。精神的に疲れている今、願い事を通して未来を模索することは、マイナスになるといえそうです。まずは、現状をしっかり受け止めてください。

ギューフ

曇りがなく純粋無垢な
与え合える真の愛情

恋愛【純愛と優しさに包まれた恋】

恋愛運で、「ギューフ」が出るのは、最高といっても過言ではありません。打算のない、慈愛に近い真の愛情が、二人を幸福な交際へと導きます。与える気持ちが相手を感激させ、お返しに与えようとしてくれる……という好循環に。会えない時も、ただ相手が存在するだけで幸福であり、感謝することができる、神に近い愛のかたちなのです。

♠アドバイス

二人の間に流れているのは、穢《けが》れのない本物の愛情です。相手の気を引こうと、計算高い言動を取ると、疑惑という暗雲が立ち込め、純愛に陰りが出てしまいます。素直な愛情表現を行う勇気を持ちましょう。恋人募集中なら、外見を飾るより、心を磨いてください。真の優しさがにじみ出る笑顔に、多くの異性が惹かれるはずです。

結婚【生涯愛し貫ける結婚】

恋愛と同様、結婚で「ギューフ」が出た場合も、最高の状態を示します。赤い糸で結ばれていたかのように、相性が合う異性と、最高の結婚が実現します。真の愛情と、強固な信頼関係で結ばれますから、生涯添い遂げることができるでしょう。婚活中の人にも、幸福が到来します。心から愛してくれる異性との、結婚が決まるでしょう。

♠アドバイス

幸福な結婚は約束されているのですから、不安に思ったり、ジタバタしたりする必要はありません。今からできることは、「愛する人を幸せにするための、能力を磨くこと」。女性であれば、料理や裁縫の腕前を磨くのも、一案です。また、婚活中の人は背伸びをせず、ありのままの自分を出せる異性に、注目してみてください。

仕事【人を幸福にできる仕事】

仕事には、経済観念など合理的な思考はつきものですが、このルーンは、「人の幸福を願って取り組む仕事」を示します。報酬は二の次で、人を助けたり役立ったりすることで、深い満足感を得られる状態です。福祉関係の仕事やボランティアも含まれます。儲けは少なかったとしても、真の幸福感を胸に、仕事に励めるでしょう。

♠アドバイス

仕事の存在意義は、大まかには「報酬を得ること」と「社会貢献」の二つですが、後者に意識を向けてみましょう。社会に貢献することで、人々からの感謝を得られます。本来であれば、感謝されれば報酬を得られなくても、満足できるものです。今の仕事を通して、さらに社会や人々に与える方法を考えることで、一層充実感が増すでしょう。

友人（人間関係）【心を温め合える真の友情】

「ギューフ」の文字が、2本の対等な線が交差しているように、精神的に支え合える、真の友情を示します。上下関係も優劣もなく、人間としての強い信頼と、深い情で結ばれています。片方が困った時には、すかさずもう片方が手を差し伸べ、惜しみなく援助を与えるでしょう。そこには利害関係はなく、ただ友情があるだけです。

♠アドバイス

「自分は孤独だ」と思っていても、あなたの近くに、温かい気持ちで気にかけてくれる人が存在します。「交際して損か得か」を基準に、友達を選んでいるのであれば、幼少の頃の交友関係を、思い出してみましょう。そこには損得勘定はなく、ただ純粋な友情を抱え、無邪気に遊んでいたはず。今必要なのは、そうした友情なのです。

家庭（人間関係）【献身性の高い豊かな家族愛】

一見わからなくても、家庭の根底には、深くて献身的な家族愛が存在します。それは、家族が窮地に陥った場合に発揮されるでしょう。例えば誰かが病気になったら、自分の仕事や睡眠を犠牲にしてでも、看病に時間を費やすはず。悩みを打ち明ければ、真剣に対応してくれるでしょう。家族全員の幸福を、心から望んでいるためです。

♠アドバイス

あなたにとって今の家族愛は、身近であるが故に、あって当然のものかもしれません。しかし、決して当たり前ではないことを肝に銘じて、感謝する姿勢を持ちましょう。その有り難みは家族から離れた時に、強く実感できます。一人旅の機会を作ってもよいでしょう。感謝の気持ちは、言葉よりも贈り物で表現すると伝わります。

健康【他者の保護意識が健康を守る】

今はそれほど虚弱ではありませんが、元気一杯というわけでもなさそうです。あなたが非常に繊細で、ささいなことでも動揺し、それが健康状態に響くからのようです。そのような時は、他者からの守ろうとする意識が、あなたの健康を保護します。まさに今、誰かがあなたの健康を心配している模様。そのため、健康体で過ごせるのです。

♠アドバイス

あなた自身も、周囲の人達の健康を願い、祈る習慣をつけましょう。特に、身近に健康を害して苦しんでいる人がいるなら、その人のことを強く考えて。他者への真剣な祈りは、実際に通じて叶うことが多いものです。そうすれば、あなたが不調になった場合に巡り巡って、誰かがあなたの健康回復を願い、祈ってくれるでしょう。

願い事【全員が幸せになれる願い事】

願い事が叶う可能性は、非常に高いでしょう。何故ならば、その願い事が叶うことで、あなただけではなく、多くの人達が幸せを感じるためです。自分だけの得を求める願い事は、神様にはそっぽを向かれます。しかし、その願い事は、あなただけではなく、神様も望んでいること。ですから、真剣に祈って叶わないわけがないのです。

♠アドバイス

その願い事を真剣に祈ることで、神様からのあなたの評価は、うなぎ登りになるでしょう。常にその願い事を胸に秘め、神社仏閣以外の場所でも、ときどき祈るようにしてください。神様から愛されるあなたに相応しい願い事は、「世界中の人達の幸福の実現」です。それだけ強いパワーを秘めているのですから、ぜひ祈ってみてください。

ウィン

喜びと幸せを感じる
気分が盛り上がる嬉しい出来事

恋愛【頑張りが実り幸せをつかむ恋】

恋愛で、大きな喜びを感じる出来事が訪れます。それは、あなたが努力を重ねつつ、長年追い求めてきた出来事でしょう。例えば、片想いが実って両想いになったり、理想の異性との交際が、スタートしたりするでしょう。まさに理想の結果を手に入れ、天にも昇る気持ちになれるのです。それは、神様からのご褒美であるといえます。

♠アドバイス

あなたの恋愛への努力の方向は、間違っていないようです。普段から理想の恋を高く掲げ、自分の行いを正しながら、それをつかむべく頑張りましょう。もし、魅力に自信がなく、「少し、求めるレベルを下げた方がいいのでは……」と感じても、妥協する必要はありません。最高の幸福を得られるシナリオは、整っているのです。

結婚【理想通りの結婚成就】

理想の結婚をつかめる期待感が、グッと高まります。それは、あなたが自分の理想を曲げることなく、根気良く求め続けるからの様子。既に交際中であれば、相手に結婚の意志があることを、確認することができるでしょう。自分からのプロポーズも、成功します。それからあまり時間をかけず、トントン拍子に、結婚成就へ進むはずです。

♠アドバイス

恋愛と同様、結婚に関しても、決して二番手で妥協することなく、理想を高く掲げて、本命の異性を狙いましょう。今のあなたは、高嶺の花もつかめるような、幸運に恵まれているのです。相手に結婚を決意させるには、相手を楽しく嬉しい気持ちにさせることが大切。スポーツ観戦やライブ鑑賞など、盛り上がるデートがオススメです。

仕事【目標達成で喜びを感じる仕事】

希望していた職種に就けたり、目標金額を達成したりと、仕事上の理想が実現しそうです。仕事仲間と手を取り喜び合い、お祝いするようなシーンが訪れるでしょう。その過程は決して苦難なものではなく、楽しみながら取り組んだ上で、到達する成功のはずです。明るいかけ声などの高い波動が、理想の仕事状況を呼び込むのです。

♠アドバイス

ハードな仕事状況では、気分もシビアになりがちですが、「楽しむこと」を忘れてはいけません。思うような結果が出ない時は、「今は、達成に向かう途中である」と考え、希望を持って取り組み続けましょう。特に人間関係では、明るさを保つことが大切。失敗した人を元気に励まし、常に笑顔を携え、楽しさを伝染させてください。

友人（人間関係）【高いテンションの楽しい交際】

あなたと相手の間にあるキーワードは、「楽しさ」です。笑いのツボが同じだったり、同じ趣味に没頭していたりと、会えば他愛無いおしゃべりが弾み、笑顔が絶えない間柄になるでしょう。一緒に手を取り、喜び合うような出来事が、近いうちに生じる可能性もあります。共に苦労を重ねた関係であるからこそ、共鳴できるのです。

♠アドバイス

あなたにとって相手は必要な友人ですから、ときどき連絡を入れるなどして、大事に交際してください。相手は常にあなたの幸福を願い、あなたと共感できるのです。そのため、喜びも悲しみも、共に分け合うことができるはず。特にあなたの喜びは、自分のことのように喜んでくれるでしょう。明るい話題に花を咲かせてください。

家庭（人間関係）【喜び事が訪れる明るい家庭】

一家で力を合わせて目指していた夢や目標が実現するなど、派手にお祝いをしたくなる、嬉しい出来事が訪れます。それは、今まで家族が協力し合った、成果であるといえるでしょう。幸運の歯車が、噛み合った状態です。家庭には、日常的にも明るい空気が流れているはず。その積み重ねが、そうした大幸運を引き込むのです。

♠アドバイス

家族全員が明るい希望を抱えていることが、幸運を呼び込む鍵になります。ですから、家族が持つ夢や目標に対して、「叶うわけがない」などと、ネガティブな発言をしてはいけません。誰かが意気消沈することで、幸運の連鎖が途切れるのです。できるだけポジティブな発言で、家族を盛り立てて。それが、自分自身をも救うはずです。

健康【理想の健康状態の獲得】

健康に関して、喜ばしい出来事がありそうです。心配していた症状が、比較的軽いものであることがわかったり、ダイエットが成功して、理想の体型を手に入れたりできるでしょう。安堵もしくは歓喜する状況が訪れるのです。それも、普段から健康を意識して、過ごしてきた賜物です。病気の再発や、リバウンドの心配もなさそうです。

♠アドバイス

良い健康状態を維持するためには、明るい精神状態が不可欠です。特に、笑いは身体の免疫力を高め、痛みなどの症状も緩和させる力があります。ストレスが溜まったり、健康が不安になったりした時ほど、ユーモアセンスを発揮して。話が面白い人と会ったり、お笑い番組を観たりするのも効果的。大いに笑い声を上げてください。

願い事【幸運に恵まれ叶う願い事】

「ウィン」は、喜びを象徴しますから、願い事が叶う可能性は、非常に高いといえます。最高の結末を手にして、あなたの心は喜びと感動で満ちあふれるでしょう。その成就は、降って湧いたものではなく、あなたの過去の成果です。永続性のある幸運につながりますから、「一時的なものなのでは」と、不安に陥る必要はありません。

♠アドバイス

願い事の実現は、約束されています。ただし、ただボーッと待っていれば、願い事が叶うわけではありません。願い事の実現に向けて、地道な努力を重ねることは、もちろん必要です。それだけではなく、大きく幸運度を上げるためには、日頃の行いを良くする必要があります。少額を募金するなど、「一日一善」を実行してみてください。

ウィンの逆位置

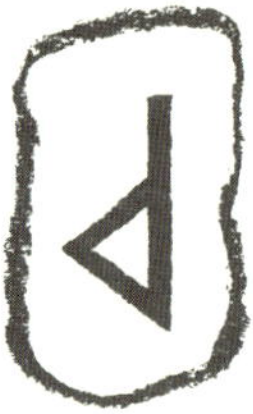

正位置との大きな違い

正位置での「ウィン」の文字は、万物を知るオーディンの杖が立ち、強く地面を突いている様子が描かれています。また、栄光の旗がたなびく姿にも見えます。

それが逆位置になると、杖は逆さになり、地面を突き抜け、奈落《ならく》の底へと落ちていってしまいます。旗であれば、下げられて、見えなくなった状態です。喜びと幸せが一転し、不運と不幸な出来事に見舞われやすくなります。進む方向性や日頃の行いに、問題があるのかもしれません。

逆位置での恋愛【理想が高すぎる恋】

素敵な異性との、ドラマチックな恋愛を求めますが、現状から見ると厳しい欲求が多く、実現させるのは難しそうです。自分が持つ資質以上に、相手に高い資質を求めることが、挫折感を味わう原因になるのでしょう。失恋率が高い恋に、自ら飛び込んでいるようなものです。一時的に熱く燃え上がり、長続きしない恋愛も示しています。

◆アドバイス

「自分には、運がある」と思い込み、運頼みに走ることが、恋の玉砕につながります。恋愛は、仕事や学業とは違い、努力をすれば必ずしも成功率が上がるというわけではありません。前世からの縁や、生まれ持った好みの問題が、横たわっているのです。理想が高すぎることを自覚し、自然体で無理なくできる恋愛を探しましょう。

逆位置での結婚【理想通りに進まない結婚】

結婚に求める条件が多く、すべてを実現させるのは困難なようです。例えば、高学歴・高収入・高身長の異性と、広い持家での生活を……などと夢を広げていると、現実は甘くないことを、嫌というほど味わわされるでしょう。交際中の人は、相手が結婚を嫌悪する傾向があります。やはり、理想と現実のギャップを叩きつけられるのです。

♠アドバイス

生涯を添い遂げる結婚では、恋愛以上に、自分と相手のバランスが重要になります。玉の輿・逆玉の輿を狙うのであれば、自分にもそれに見合ったものがなければ、実現は難しいでしょう。自分と対等と思われる異性を、結婚相手に選んでください。一緒にいて肩の力が抜け、素直に笑い合える人が、生涯を共にできる異性なのです。

逆位置での仕事【失望や不満を抱える仕事】

不運が重なり、期待していた成果や成功は、得られにくいようです。頑張れば頑張るほど、現実が理想に程遠いことが見えて、意気消沈してしまう可能性も。良い働きを期待していた部下や後輩が、かえって足を引っ張るかもしれません。頭の中で描いていた理想は、覆されるのです。それは、現実を認識していなかったことが要因です。

♠アドバイス

現状の戦力と情報量で、どれだけのことを到達できるのかを、客観的に見定めなければなりません。「何とかなる」と現実を無視して、高い希望を掲げるほど、落胆が大きくなります。階段を昇るように、一つひとつの段階を踏んだ、目標設定を心がけましょう。周囲への吹聴など目立つ行為も避け、水面下で進めることが大切です。

逆位置での友人（人間関係）【期待に沿わない友人】

友人知人が、自分の期待通りに動いてくれず、ガッカリしそうです。例えば、食事やイベントに誘っても無反応だったり、頼んだことを忘れられていたりしそう。相手には相手のペースがあり、あなたには、合わせられないということです。また、第一印象は良い人に見えたのに、会うたびに欠点が気になり、幻滅することもあるでしょう。

♠アドバイス

本来、誰かに期待をかけることが、良策ではないといえます。何故なら、相手に思い通りに動いて欲しい気持ちの表れだからです。相手には相手の価値観や歩調があり、自分に都合良く変わることを望むのは、エゴであると覚えておきましょう。また、好意を示しても、無にされがちに。相手の主義主張を受け入れるとよいでしょう。

逆位置での家庭（人間関係）【叶わない家庭内の夢や目標】

家庭内において、期待していたことが叶わず、肩の力を落とす場面がありそうです。それは、今まで掲げてきた夢や目標を、根本的に見直すような、転機になるかもしれません。それと同時に、家族の在り方についても、見直すことになるでしょう。また、家族が期待に添わず、落胆する可能性も。何かを強制するほど、反発されがちです。

♠アドバイス

現実を度外視して、必要以上に家庭の中の夢やロマンを追っているのかもしれません。そうした夢が叶わないと知った瞬間、ようやく、現実を直視できるのです。特に、家族に対して多大な期待をかけているなら、家庭不和や家庭崩壊の原因になります。自分とは違う個別の人間であることを認識し、本音を話し合う場を設けましょう。

逆位置での健康【楽観視できない健康状態】

自分で思っているより、健康状態は深刻である可能性があります。「運がいいから、大丈夫」などと楽観視していると、次第に痛みが強まっていくなど、症状が深刻化しがち。表面的な部分よりも、見えない部分の方が、悪化している心配があるのです。睡眠時間を増やし、安静にしていることで、ある程度症状は緩和されるでしょう。

♠アドバイス

楽観視できない健康状態ですから、少しでも違和感があれば、初期の段階で治すために、早めに診察を受けましょう。また、精神状態も、健康に大きな影響を与える様子。特にクヨクヨと考えることが、免疫力を低下させるほか、心臓や胃腸の働きを弱めます。趣味に打ち込むなどして、落ち込む時間はできるだけ短くしてください。

逆位置での願い事【現実味がなく叶わない願い事】

その願い事は、残念ながら叶わない確率が高いようです。あなたは、その願い事に多大な期待をかけていることでしょう。しかし、現実の自分を無視した、夢や幻想の中から湧き出た願い事である可能性があるのです。神様であっても、そこまでジャンプアップさせてはくれません。もし叶っても、一時的な快感で終わってしまうのです。

♠アドバイス

その願い事を掲げるのは、自分の短所や苦痛な状況から逃げることが、目的なのかもしれません。ですから願い事が叶ったとしても、自分自身を磨いて精神的に成長するきっかけを、逃してしまうのでしょう。楽をすることより、自分を磨くことに意識を向けてみてください。その上で浮かんだ願い事は、叶う率が高いはずです。

ハガル

雹が降るように突然起こる
衝撃的な破壊

恋愛【大喧嘩や突然の破局】

予想外の出来事が起こり、衝撃を受けそうです。それは、突然降って湧いたものではなく、時間をかけて水面下で進行していたことが、表面化するということ。今まで騙し騙し進めた恋愛関係が限界値を超え、生じた衝撃が、その状況を打ち壊すのです。具体的には、溜め込んだ怒り爆発による大喧嘩や、浮気の発覚に注意が必要です。

♠アドバイス

今の恋愛関係は、少々の軌道修正ではどうにもできないほど、危険に向かっているのです。それを正常に戻すには、思い切って状況を打ち砕くよりほかに方法はありません。ですから、訪れる衝撃を恐れないでください。衝撃が生み出す動揺と精神的ダメージが静かに去った後、ようやく真の幸福に向かう恋愛を入手できるのです。

結婚【婚約破棄や離婚】

今の結婚状態が大きく揺り動かされ、大きな気づきと新しい方向性が与えられます。特定の異性との婚約・結婚を望んでいるのであれば、その願望は、一気に打ち崩されそうです。また、掲げている理想の結婚像を見直す必要が出てくるでしょう。その後に生じる結婚観や出会った異性が、あなたの結婚にフィットするのです。

アドバイス

今の状態のままで進んでいくと、いずれ厚い壁にぶつかり、にっちもさっちもいかない状態が訪れるでしょう。ですから、一度大きな衝撃を受けて、結婚状況をクリアにすることが必須なのです。それは、あなたにもっと相応しい、別の結婚への道が用意されているということです。一度、無の状態に引き返す勇気を持ってください。

仕事【突然の解雇や大きな失敗】

自信を持って取り組んでいた仕事で、取り返しのつかないミスを犯すなど、大打撃を受ける心配があります。また、突然の解雇通告を受けて、精神的ショックを受ける可能性も否定できません。怠慢による小さな手抜きや不正行為が、こうした状況を呼び込むのです。予期せぬ事件により、進行中の仕事が停止する場合も考えられます。

アドバイス

自信が高まっている時ほど、衝撃を受ける憂き目に遭いやすいようです。「自分なら、大丈夫」という傲慢《ごうまん》な気持ちが気の緩みを招き、こうした状況を引き起こすのです。占いで「ハガル」の宣告を受けたら、どれほど簡単な仕事でも確認を忘れず、丁寧に取り組みましょう。自惚れの気持ちがないか、内面を見直すことも大切です。

友人（人間関係）【大喧嘩や突然の裏切り】

順調に育まれている人間関係に、大きな衝撃が走りそうです。何気なく口に出した言葉で相手を激しく傷つけたり、怒らせたりするかもしれません。また、突然絶交されたり、大切な約束を反故《ほご》されたりと、一気に関係が崩壊する心配も否定できません。騙されて事件の被害者になる可能性もありますから、人を見る目が必要です。

♠アドバイス

「ハガル」が示す予想外の破壊を未然に防ぐのは、簡単にはいかないものです。しかし、その時の被害を小さくするために、日頃から人との関わり合い方に、十分気を配りましょう。何かで困って救いを求めている人に積極的に手を差し伸べたり、味方を増やし、敵を作らないことです。人の悪口への参加を避けたりしてください。

家庭（人間関係）【破産など生活上の危機】

家庭の中に、突然衝撃が走ります。それは経済上の破綻など、一家の生活をおびやかすことかもしれません。家族の誰かが暴力的になり、家族と不和関係になる……という場合も考えられます。そうした出来事をきっかけにして、家族の在り方を見直す必要が出てくるでしょう。膿を出した後には、次第に光明が差してくるはずです。

♠アドバイス

家庭に降り落ちる「ハガル」の衝撃は、今までの家族の在り方のどこかに、歪みがあったことを示唆しています。その歪みは時間と共に大きくなったのでしょう。大打撃を受けて目が覚めることにより、瞬時に歪みを認識し、修正することができるのです。その後は、より良い方向に転換しますから、深刻に心配する必要はありません。

健康【突然襲う病気や怪我】

健康運を占って「ハガル」が出たら、十分注意しなければなりません。予期しない病気や怪我に遭い、心身にダメージを受けることを暗示しているためです。雹は空から勢いよく降り、地上に被害を与えることから、特に、落下物による怪我に警戒が必要です。しかし、ダメージを受けるのは、身体より精神の方が強いといえるでしょう。

♠アドバイス

「ハガル」が出てからしばらくの間は、健康状態に十分留意しましょう。特に、今まで不摂生を重ね続けている人は、生活態度の急速な変容が必要です。お酒や煙草など、健康を害するものの摂取は極力控えましょう。また、不要な遠出やハードな運動も避けた方が無難です。なるべく安全な場所で、穏やかに過ごすことがオススメです。

願い事【こっぱみじんになる願い事】

残念ながら、願い事が叶う確率はほぼ皆無であるといえそうです。それほど遠くない未来に、その願いが絶望的になるのを目の当たりにするでしょう。はっきりダメだと認識できる分、後腐れもなく、清々しい気分になれるはずです。その願い事は、あなたからは近いものに見えて、実は、遥か彼方に存在しているのかもしれません。

♠アドバイス

周りの人達に願い事を吹聴するのは避け、自分の心の中で静かに温めておきましょう。「絶対に叶う」などと言って、叶った後の夢物語を語っていると、後々大きな恥をかく心配が出てくるのです。たとえ叶う自信が満々であっても、口外は禁物。「話す＝離す」であり、口外することで、さらに叶いにくくなると覚えておきましょう。

ニイド

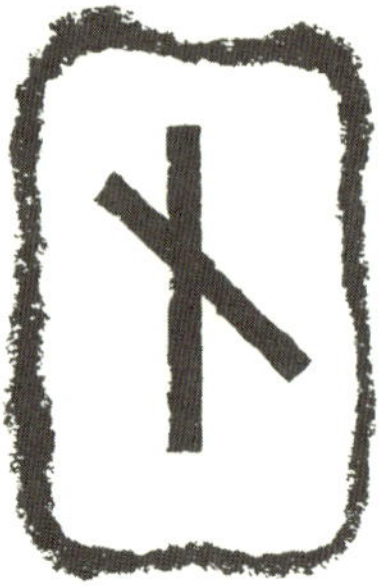

束縛されて欠乏感を味わう
忍耐力が必要な状態

恋愛【忍耐が必要な進展しない恋】

動きたくても身動きが取れず、じっと耐えるしかない恋愛状況を示します。好きな異性からの連絡をひたすら待ったり、常に自分を抑えて相手に合わせたりと、愛情があるが故に、忍耐や束縛を強いられるのです。片想いの人は、両想いに進むきっかけをつかめません。フリーの人は、出会いを求める時間的余裕が持てないようです。

♠アドバイス

「我慢していれば、報われる」と思い、犠牲になっているのであれば、考えを改めなければなりません。相手はあなたに接しやすさは感じても、何かを与える気持ちはない場合が多いのです。忍耐自体を楽しめなければ、我慢する価値はありません。フリーの人や片想いの人は、固定された環境を手放し、改革する勇気を持ちましょう。

結婚【忍耐と我慢が必要な結婚】

婚活中の人は、仕事が忙しいなど周辺の環境の厳しさにより、良縁をつかみにくいようです。保守的で警戒心が強い点も、結婚を遠ざけている原因といえます。既に婚約者や配偶者がいる人は、相手の厳格さや気ままさのために、自我を抑える必要があります。愛情を実感できず、欠乏感を味わうことも。心が通い合いにくいのです。

♠アドバイス

婚活中の人は、このままの流れでは現状を抜け出せず、時間ばかりが過ぎていきます。引越しや転職、辞職など、思い切って環境を変えることを考えましょう。パートナーがいる人は、忍耐せざるを得ない状態から抜け出すことより、楽しむことを考えて。相手への依存心があるなら、趣味など自分だけの世界を広げることが大切です。

仕事【苦しい修業期間】

拘束時間が長かったり、退屈な仕事が続いたりと、忍耐力が必要な仕事状況が訪れます。それは苦しい修業期間といってもよいでしょう。状況の変化に乏しいため、長く頑張り続けても好転が見えず、見通しは暗いと感じるかもしれません。そのような中でも、能力の増大や忍耐力の強化と共に、状況の好転に気づく日が訪れるはずです。

♠アドバイス

早寝早起きなど規則正しい生活が体内時計を整え、仕事の能率を高めます。また、地味な仕事への嫌悪感があるなら、払拭させることが必要。誰でも楽しく優雅な仕事ばかりではなく、地味で根気のいる仕事も乗り越えなければなりません。華やかな歌手やスポーツ選手が、地道な練習を毎日欠かさず繰り返しているようなものです。

友人（人間関係）【情が通わない欠乏感のある関係】

コミュニケーションが不足している状態を示します。お互いに忙しくて連絡を取れなかったり、取れても遠慮や警戒心が障害になり、本音を出せなかったりするでしょう。感情を抑え込むため、一緒にいても話が盛り上がらず、息詰まりを感じがちです。そうした表面的な交際でありながらも、安定して長く続く面も持っています。

♠アドバイス

人間関係には、相手によって適度な距離というものがあります。今あなたが気にしている人間関係は、他に比べてかなり広く距離を置くことが適切といえるのかもしれません。ですから、強引に距離を縮めようとしたり、逆に諦めて、縁を切ったりしないことです。感情を抑えて理性で接することで、共に必要とし合えるでしょう。

家庭（人間関係）【自由のない厳格な家庭】

親が子に厳しく当たるなど、厳格でシビアな家庭環境を示します。家庭内での感情表現が乏しく、事務的で表面的な会話で終始しがちに。一緒に住んでいても、家族が何を考えているのかわからない……と感じるでしょう。伸び伸びと振る舞えない分、誰かが我慢を強いられている気配もあります。形だけを整えた家族の状態なのです。

♠アドバイス

家族の在り方を無理に変える必要はありませんが、今の状態の中に少しだけ、心の交流を図る場面を取り入れてみましょう。家族の誕生日や記念日にプレゼントを用意したり、家族が何かで頑張ったら、ケーキを買って祝ったりすることがオススメ。今の家庭にとって、そうした一見無駄だと感じる行為に、大きな意味があるのです。

健康【慢性的に続く症状】

悪化する可能性は低いですが、慢性的な症状が低空飛行で続き、なかなか回復の兆しを見せない気配があります。そのため、完治を諦め気味に。特にそうした症状がない人は、スタミナ不足の傾向がありますo栄養素が身体に足りていないのかもしれません。無意識のうちに無理を重ねて、疲れが蓄積している可能性も大です。

♠アドバイス

長年の疲れなどが、凝り固まっているようです。そのため体質が変化しにくく、症状をすぐに何とかしようとしても、改善には時間を要する模様。ヨガやジョギングなど、有酸素運動を定期的に続けることで、次第に体質改善を図れるでしょう。スタミナ不足を感じる場合は、無理なダイエットや菜食主義を避け、適量の肉を摂取して。

願い事【多大な時間を要する願い事】

その願い事が叶う可能性はありますが、実現にたどり着くためには、長い時間と忍耐力が必要です。心の中でずっと温め続けて努力を重ね、ある日ふと気がつくと、そういえば願い事の状況に、かなり接近しているな……と気がつくのでしょう。魔法のように叶うのではなく、結果的には、努力により理想の状況を入手できるのです。

♠アドバイス

どれだけ長く時間がかかったとしても、最後まで叶うことを信じ続けるという条件つきで、その願い事は叶うといってよいでしょう。ですから、途中で挫折して願い事を投げ出すことなく、ずっと抱え続けていてください。そして、ただジッとして待っていればよいのではなく、実現のための地道な努力を、重ね続けることが大切です。

ニイドの逆位置

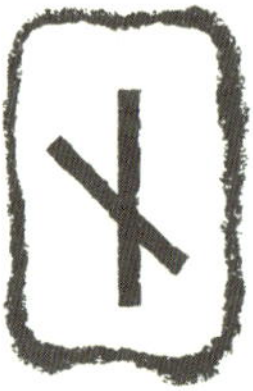

正位置との大きな違い

「ニイド」の文字は、長く立った1本の幹に、まるで幹を傷つけ、上昇を阻むような形で斜めの短線が刻まれています。その短線は基本的には幹の上方に刻まれていますが、ときには中間に刻まれている場合もあります。

そのため、逆位置になっても、文字の形はほとんど変わらないのです。つまり、逆位置になっても、束縛や欠乏という意味はそのままつきまといます。その上に、忍耐を重ねても、望ましい結果は得られなくなるのです。

逆位置での恋愛【苦労しても報われない恋】

障害が多い状況の中で、執着心と共に、恋愛を頑張ろうとするでしょう。しかし、障害は予想以上に頑強で、頑張り続けても、跳ね返されてしまいがちに。苦労する割には実りがなく、心身を消耗するだけの結果になりそうです。フリーや片想い中の人は、必要以上に恋愛を難しく考えて萎縮することが、チャンスを遠ざける要因です。

♠アドバイス

障害が多いことで克己心が刺激され、何とか頑張りたいと執着が強まることでしょう。しかし、エネルギーを消耗するばかりで、得られるものがないと感じたら、撤退する勇気を持つことも必要です。恋愛においては、決して頑張れば実るというわけではないのです。恋人募集中の人は、まずは内面的魅力に自信を持つことが大切です。

逆位置での結婚【結婚を阻む重苦しい障害】

結婚を求めても、さまざまな障害が進展を阻み、成就する兆しが見えないようです。一つひとつの障害を取り除くためには、かなりの手間と時間を要するでしょう。例えば、結婚できない相手に執着して、自ら結婚の道を塞《ふさ》いでいる可能性も。結果的には、執着や頑張りがかたちになりにくく、骨折り損のくたびれ儲けで終わりがちです。

♠アドバイス

結婚を阻む障害には、さまざまなものがありますが、自分自身の性質や行動にも、結婚を阻む要素があるはずです。結婚に進むために、壁にぶつかっても同じ方法を繰り返してしまい、進展性がないのかもしれません。自分で結婚の可能性を狭めていることを念頭に置き、結婚への道を考え直してみましょう。環境を変えることもオススメです。

逆位置での仕事【過酷でも報われない仕事】

ハードワークが続き、心身を消耗しがちです。過酷な状況の中で歯を食いしばって頑張る割には、思うような成果や報酬を得られず、ジレンマに陥りがちに。不毛なループから抜け出せず、忍耐を続けるしかない状態なのです。組織内の規定も厳しく、逆らえない模様。頭を押さえつけられ、自分の持ち味も活かしにくいでしょう。

♠アドバイス

過酷な状況は、がんじがらめの状態の中で生まれます。流れに逆らおうとするほど周囲からの圧力や締めつけが厳しくなり、不利な状況に追い込まれてしまいます。苦しすぎるようなら無理をせず、退職や転職を考慮しましょう。自分でコントロールできるなら、仕事量の調整を図って。仕事の成果より、精神を優先してください。

逆位置での友人（人間関係）【心を開けない堅苦しい関係】

体面を気にしすぎて、本音や感情を出せない交際になりそうです。用事があれば話すけれど、私的な会話は一切ないといった感じに。仕事上のつながりなど、義務的な要素が強い関係なのかもしれません。厳格な目上の人との交際に、神経を使う気配もあります。また、気になる人と連絡が取れず、ヤキモキする状態も示しています。

♠アドバイス

苦手な交際であっても、義務的な関わり合いのある人との縁は、簡単には切れないものです。深く関わっても威圧的な態度に萎縮してしまい、得られるものは少ない様子。かといって、相手を変えようとしても、結局は徒労に終わってしまいます。適度な距離を置き、感情を絡ませることなく、表面的な交際でとどめた方が無難です。

逆位置での家庭（人間関係）【厳しすぎて冷たい家庭】

親などが権威的で、強制や禁止事項が多く、心が休まりにくい家庭を示します。教育熱心なことが災いして、理想の枠にはめられがちに。伸び伸びと自由に過ごすことができず、心が悲鳴を上げてしまうでしょう。勉強や仕事で好成績を上げることは、可能な環境といえそうです。しかし、人間にとって大事なものを失いやすいのです。

♠アドバイス

自分で調整できる状態であれば、家庭内の厳格なムードを少しでも取り除きましょう。家族が気を緩めて過ごしていることを許し、自分自身も気を抜いてください。あなたが主婦であれば、掃除の間隔を空けたり、惣菜を購入したりと、家事の手を抜いてみましょう。「家庭は憩いの場」という基本中の基本を、忘れてはいけません。

逆位置での健康【間違った健康法や治療法】

なかなか改善しない症状に、苦心させられがちです。試行錯誤を繰り返しても、変化が見られない状態に、焦りや疲れが募ってしまいそう。病状が回復しないのは、間違った健康法や治療法を取り入れている可能性があります。もしくは、治療法が確定していない病気なのかもしれません。悲観視も、体調に悪影響を与えます。

♠アドバイス

独自の健康法を生活に取り入れているのであれば、その内容を見直す必要があります。自分の体質には、合っていないのかもしれません。一度中断して、その後の様子を観察してみましょう。また、医師が下した診断が、すべて正しいとはいえません。念のため、別の病院でのセカンド・オピニオンを実施することをオススメします。

逆位置での願い事【実現に向けて進めない願い事】

願い事が叶う可能性は、残念ながらかなり低いといえます。その願い事は、何かの苦痛な状態から、逃避することが目的かもしれません。その願い事を実現させるには、現状の大きな改革など、根底から状況を変えていかなければならないようです。現状はがっちりと固定されていますから、それは非常に困難であるといえるのです。

♠アドバイス

短期間で一気に願い事を実現させようとするのではなく、長い目で見て、時間をかけることが必要です。その願い事が叶うまでのステップを分析し、段階を踏んで、少しずつ実現に近づける方法を考えてみましょう。そうすれば、単に神頼みをするだけではなく、自力で実現させるにはどうすればよいのかが見えてくるはずです。

イス

水の流れが凍るような
停止・休止状態

恋愛【冷たく凍る恋愛感情】

抱えていた愛情が一気に冷めたり、恋愛自体への関心を失ったりと、恋愛に対して、すっかり心を閉ざした状態を示します。愛情が冷めるのは、傷つくのを恐れ、心を防御するためかもしれません。恋愛に振り回されるよりも、孤独な方がよいと思ってしまうのです。交際中のカップルは、お互いに別れを決意することになるでしょう。

♠アドバイス

愛情を冷たく凍らせて、何もなかったことにしてしまえば、確かに傷つくことから身を守ることはできるでしょう。しかし同時に、愛情から得られる感動や感激、ふんわりと心が温まる感覚をすべて失ってしまうのです。愛情は、苦しみや辛さも呼び寄せますが、それと同時に魂が磨かれ、成長へとつなげていってくれるものです。

結婚【結婚の縁がない状態】

結婚願望の有無に関係なく、結婚に無縁の状態に陥ることを示しています。婚活に嫌気が差して中止したり、婚活をしたくても、どう動いてよいのかわからなかったりと、結婚相手の候補者が、皆無の状態が続きます。結婚願望がない人は、今後も結婚への希望を持ちにくいでしょう。一人で生きる道を、模索し始めるのかもしれません。

♠アドバイス

結婚に向けて進めない理由には、人間に対する恐れが含まれている可能性があります。他人と向き合い、共に暮らしていくことに、大きな抵抗感や違和感を覚えるのではないでしょうか。結婚しなければと思う前に、日常生活の中で、人間と人間との交流を深めてみてください。他人の温かさを感じることで、真の結婚願望が生まれます。

仕事【中断や中止になる仕事】

進めていた仕事の中断を余儀なくされたり、計画の実行が中止されたりと、停滞状態や膠着《こうちゃく》状態に陥りそうです。労働意欲が失せ、休職を考える可能性もあります。その凍結期間は長く、開始するタイミングを見出しにくいでしょう。しかし凍った川の水は、春になると解けて再び流れ出すように、完全に終わったわけではないのです。

♠アドバイス

仕事の停止や休止は、時間のロスに感じるかもしれません。しかし、ときには立ち止まり、周囲を見渡すことも必要です。休むことなく、延々と進行方向を見つめるばかりでは視野が狭まり、多くのことを見落とします。例えば、季節の花が咲いていること、家族が心配していること……。仕事以外にも、輝く世界は数多くあるのです。

友人（人間関係）【孤独を感じる人間関係】

心を閉ざして、自分の周りに高い壁を張り巡らし、孤独に陥っている状態を示します。人と親しくしたいと思いながらも、周りに打ち解けられないと感じ、孤独感にさいなまれる場合も示します。また、気になる人が心を閉ざしたり、もしくは行方がわからなくなったりして、連絡が途絶える可能性も。縁や交際が凍結してしまうのです。

♠アドバイス

周りが自分に対して冷たく見えることがありますが、そのような時は、実はあなたの方が、周りに壁を張り巡らせている可能性が高いのです。「誰かが何とかしてくれる」という期待感は、いともたやすく崩されるでしょう。自分が張り巡らせている壁は、自分自身で乗り越える必要があります。自分から周りに、温かい声をかけてください。

家庭（人間関係）【家族から孤立した状態】

家族と情を分かち合えず、孤立してしまいそうです。家族が皆忙しすぎて、話しかけても無視をされると感じるからかもしれません。または、あなた自身が心を閉ざし、自室にこもって、交流を拒否する場合も考えられます。家族を隔てる氷の壁は厚く、解けるには時間を要するでしょう。しかし、氷解する可能性はあるのです。

♠アドバイス

家族が皆、忙しい場合は、顔を合わせた時に笑顔で挨拶をするように心がけましょう。多くの言葉を交わさなくても、ただそれだけで、徐々に家族の心が解けていくはずです。自分の心が凍りついている場合は、無理に変えようとする前に、外に出て陽光に当たり、自然に触れましょう。まずは心を氷解させることが先決です。

健康【膠着した健康状態】

良くも悪くも、変化の少ない健康状態です。悪い箇所がある人は、持病というかたちで定着してしまい、回復には長い期間待つ覚悟が必要な様子。特に症状がない人は、その状態を維持できますが、決して万全とはいえません。身体の冷えなどが原因で、内臓など身体の機能が低下している可能性がありきす。免疫力が低い状態なのです。

♠アドバイス

強い病状のある人は、基本的には安静にしている必要性がありますが、医師の指示の方に従ってください。現在、特に病状のない人でも、身体や心の冷えが、健康に悪影響を与えます。寒い季節は足元と首を中心に温め、血行を促進しましょう。心の冷えを予防するには、楽しいイベントを企画するなど、生活に躍動感を取り入れて。

願い事【実現のために動けない願い事】

抱えている願い事が叶う可能性は、非常に低いといえます。何故ならば、その願い事の実現に向けて、一歩も動くことができないためです。その願い事の状況は、既に完結していて、変化させることが不可能なのかもしれません。いつまでも変わらない状況を嘆きながら、憧れのまなざしで、その願い事を見つめ続けるしかないのでしょう。

♠アドバイス

その願い事は、現実的な視点から見ても、実現不可能である確率が高いため、根本を見直す必要がありまナ。もしかしたら、現実逃避や気持ちを鼓舞するために、その願い事を掲げ続けているのかもしれません。その願い事は、そのままで構いませんから、新たに別の夢や目標を探してみましょう。それが精神の活性化を呼び込みます。

ヤラ

過去1年間の努力による
着実な成長と豊かな収穫

恋愛【徐々に育つ誠実な愛情】

普段の誠実な生活ぶりや自分磨きが功を奏し、誠意のある異性との、誠実な交際を育める予感があります。お互いに計算や隠し事などなく、誠実な愛情を与え合い、確固たる信頼関係を築けるでしょう。特に交際が1年以上続くと、結束感が強まる暗示があります。共通点も多く、長時間一緒にいても、疲れることはないでしょう。

♠アドバイス

二人の間の愛情や信頼は、1年間という長い時間をかけて、徐々に成長します。ですから、すぐに結果を出そうと焦ってはいけません。出会ってからしばらくは良い友人として様子を見つつ、相手を理解していきましょう。友情が深まった後の方が、告白の成功率は高いはずです。相手に共感を示すのが、両想いになれるコツです。

結婚【誠意が実る豊かな結婚】

穏やかで幸せな恋愛交際を経て、順調に結婚へと進行するでしょう。交際開始から結婚が決まるまでの期間は、約1年間といえそうです。共通の結婚観を持つため、滞りなくスムーズに結婚へとたどり着けるのです。フリーの人は、結婚前提で交際できる、誠実な異性と縁ができそうです。お見合い話でも、良縁をつかめるでしょう。

♠アドバイス

結婚への理想的な流れが訪れますから、方向転換や小細工をすることなく、そのまま進めば問題ありません。既に恋人がいる人は、料理など家庭的な能力を磨いておくと、結婚後に大いに役立つはずです。結婚相手を募集中の人は、結婚紹介所や見合い話が、結婚への堅実な近道です。外見や肩書より、誠実さを基準に選んでください。

仕事【たゆまぬ努力が収穫を招く】

「ヤラ」は1年を示しますから、過去の中でも、特に過去1年間の頑張りが実ること、そして1年間で完成する仕事も示します。計画通りに、順調に仕事が進んでいきます。過去の努力や工夫が実り、大きな報酬や実力向上という目に見えるかたちとなり、返ってくるでしょう。それはかたちだけではなく、豊かな感動を伴います。

♠アドバイス

仕事に斬新さや奇抜さを求めず、ベーシックな物事を重視しましょう。そして計画を捻じ曲げることなく、決められた順序で進めることが大切です。それは、現在訪れている流れが非常に良いためです。収穫や報酬を急がず、目の前の仕事を楽しみながら、ゆっくり丁寧に進めてください。時間をかけるほど、収穫量は増加するのです。

友人（人間関係）【着実に築ける信頼関係】

何気ない日常生活を通して、周囲や気になる人との信頼を、徐々に深めることができます。お互いに偽りや隠し事のない、素直な自分を出し合えます。一緒にいると、まるで家族と過ごすような安心感を得られるでしょう。友情も、時間をかけて着実に育っていきます。感動や協力を共有し合える、温かく穏やかな関係なのです。

♠アドバイス

知り合ってすぐに人に下す評価は、その後もつぎつぎと覆されていきます。多面性を持つ人間の本質を知るには、たとえ頻繁に会ったとしても、1年間はかかると思った方がよいでしょう。その後にようやく、信頼が生じるのです。ですから嫌だなと思っても、簡単に縁を切るのは避けてください。誠意を込めて、人間関係を温め続けていきましょう。

家庭（人間関係）【温かく穏やかな家庭】

日常生活が物事を築き上げることを示す「ヤラ」が、家庭運に出るのは幸運です。温かく穏やかな家族関係を築き、気を緩めすぎることなく、日々の役割を果たし合う、理想的な家族像を象徴します。家族が共に協力し合い、生活状況は日に日に向上していくでしょう。素直に感情を出し合い、喜びも悲しみも、分け合える家族なのです。

♠アドバイス

幸福な家庭は約束されていますから、それを信じ、家族に対して、温かい言葉と感情を向けましょう。そして、家庭内における自分の役割を、手を抜くことなくしっかりとこなすことが大切です。家族が忙しい時には、家族の役割を手伝いましょう。そうした小さな積み重ねが、次第に大きく成長し、家庭の状況を向上させるのです。

健康【成功する健康作り】

日頃から、規則正しい健康的な生活を意識できるため、健康体を維持して、健やかに過ごせるでしょう。身体の免疫力が高く、治癒能力にも優れています。少々無理をしても、疲労はすぐに回復するはず。現在、体調不調を抱えている人も、日を追うごとに、症状が軽くなるのを実感できるでしょう。薬に頼らなくても、問題ない状態です。

♠アドバイス

人工的なものから離れ、自然に触れる機会を増やすことで、さらに免疫力と自己治癒能力を高められます。ビル群や車の排気ガスから距離を置き、海風や植物のマイナスイオンを、身体に受けて過ごしましょう。添加物の入った食品や飲み物は避け、ハーブや無農薬野菜を摂り入れることも大切です。自然の力を味方につけてください。

願い事【努力と誠意で叶う願い事】

少々時間はかかりますが、地道な努力と誠実な姿勢が功を奏して、結果的には、願い事は叶うでしょう。降って湧いたように急に叶うのではなく、一歩ずつ階段を昇るように、じわじわと、実現に向かう流れに。そのため、天にも昇るような幸福感はないものの、日々充実感を味わうことができるのです。１年後が、叶う目安になります。

♠アドバイス

願い事が叶う可能性は高いですが、先を焦ったり欲張ったりして、一気に叶えようとするのは禁物です。せっかくの良い流れを、棒に振ってしまいます。願い事実現のために、細く長く切れ目がないように、地道に努力を重ね続けましょう。それ以外にも、自分の役割を誠実にこなし続けることで、確実に願い事成就へと近づけます。

ユル

膠着状態に終止符を打ち
新しい状況を迎える

恋愛【終わりが訪れる恋愛】

恋愛の膠着状態が強まり、精神的な限界値を超え、別れや断念を決意する状況が訪れます。少々の創意工夫程度では、にっちもさっちもいかない状況にまで追い込まれるのです。その時は非常に思い悩み、苦しむことでしょう。しかし終止符を打った後に、真の恋愛が訪れます。今までとは全く違った恋が、スタートするのです。

♠アドバイス

苦しい恋に執着し、しがみついている間は、決して幸福にはなれません。恋愛に終止符が打たれるということは、本来その恋愛は、あなたの未来を曇らせるものでしかなかったのです。変わることには、大きな勇気がいるものです。しかし、何かを切り捨てることで、その隙間に新しい風が流れ込むことを、忘れてはいけません。

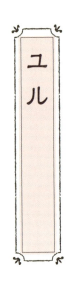

結婚【結婚への終止符を打つ】

求める異性との結婚や理想を追求する結婚は、諦めなければならない状況が訪れます。しばらくは執着を捨てられませんが、やがて決断を迫られるでしょう。無理であると、はっきり認識するためです。その後に、求めていたものとは全く違うかたちの結婚の好機が訪れます。断念は、そこにたどり着くための布石だったのです。

♠アドバイス

結婚について思い悩むことは、今後の人生の糧になります。自分に相応しい結婚の在り方への理解が促されるためです。今求めている結婚のかたちは、あなたの生活にフィットしないのでしょう。頭の中から、理想の結婚生活のイメージを捨て去りましょう。クリアな意識になった時に、本当に必要なかたちの結婚が、用意されるのです。

仕事【方向転換が必要な仕事】

好きな仕事ではないと感じたり、能力不足を実感したりと、仕事へのネガティブな感情が蓄積します。無理やごまかしを重ね続ける状況が、次第に限界に達するでしょう。それが、転職や辞職への決意を呼び込みます。その後はそれまでとは全く違う職種に関わり、新鮮味を味わいそうです。転換期に当たっているといえるのです。

♠アドバイス

苦痛な現状を打破したくても、少々の変更や努力では、どうすることもできません。転職や辞職など思い切った決断を下すことで、ようやく身軽になれるのです。すべての荷物を投げ捨てた後に、自分の能力や真に求める仕事について考えましょう。全く別の道へ進むことにより、新たな才能と新たな人生を発掘できるはずです。

友人（人間関係）【心配事の多い人間関係】

どう思われているかが必要以上に気になったり、噂話や陰口に翻弄されたりと、重苦しい感情がつきまとう人間関係になりそうです。心配がその関係への執着を強め、苦痛を抱えつつも、しがみつく羽目に陥りがちに。何かの弾みで、その関係を清算することになるでしょう。それにより、別の人間関係が新たに構築されるはずです。

♠アドバイス

人目を気にして生きることは、自分を確立していないことの裏返しです。人からどう思われようと、自分は自分であることを、強く認識してください。正しく誠実に生きていれば、恥じることはないはずです。自己確立のためには、一人の時間を充実させることが大切です。孤独になることを恐れず、不快な関係からは足を洗いましょう。

家庭（人間関係）【悩みに行き詰まる家庭】

問題や悩み事が家族間に生じ、家族の表情が曇りがちです。せっかく食卓を囲んでも、悩み事に関する話題が多く、重苦しさを払拭できない様子。対策も簡単には見出せないでしょう。しかし、いずれその問題をすべて放り投げる状況が訪れます。それは結果的にはプラスに働くはず。その後に、明るい空気が流れ込むでしょう。

♠アドバイス

本来、エネルギー補充の役割を持つ家庭の中に、ネガティブな空気が漂うのは、家族全員の活気と士気を削いでしまいます。せめてあなただけでも、家族間の問題や悩み事に触れず、明るい表情を保ってください。「楽しい」や「面白い」、「美味しい」など、ポジティブな言葉を多く発することも、家庭内の気の浄化につながります。

健康【低迷する健康状態】

思うように改善の兆しを見せず、健康の低迷状態が続きそうです。それには、ネガティブな精神状態も、大きく影響している模様。「どうせ治らない」とか「自分は不幸だ」という強い思いがストレスを高め、体内の免疫力を低下させ、治癒力が下がるのです。また、うつ病や心身症を発症しやすい状態でもありますから、注意が必要です。

♠アドバイス

明るいエネルギーを持つものと接することが、治癒力を高めることにつながります。特に、陽光を浴びることは効果てきめん。毎朝、目が覚めたらカーテンと窓を開け、朝陽を全身に浴びて、深呼吸をしてみましょう。その他にも、植物やペットに触れることや、ポジティブな人と会話をすること、笑うことが、健康作りに効果的です。

願い事【叶わないまま終わる願い事】

願い事は、叶わないまま終息する可能性が高いでしょう。それは、その願い事は現実味が薄く、幻想の延長であったり、現実逃避のために掲げる願い事であったりするからです。既にあなたは、その願い事が叶いにくいことを、十分承知しているのかもしれません。願い事が叶うシーンを想像しても、ワクワクしないことも要因です。

♠アドバイス

どのような願い事でも、ただ神頼みをするだけではなく、自助努力により、実現に近づかなければなりません。今のあなたには、そのエネルギーが枯渇しているようです。願い事を掲げても、何もできない状態です。神頼みをすると同時に、日常生活をきちんと送りましょう。特に、掃除や早寝早起きの実践が、運気を上昇させます。

ペオース

偶然の出来事をきっかけにしての
意外な状況の好転

恋愛 【偶然が恋のきっかけとなる】

電車で隣の席に座ったり、街角でバッタリ出会ったり……という偶然が、恋愛のきっかけになりそうです。瞬時に意識し合うことから、まるで、運命の相手に巡り会えたと思うかもしれません。突然始まる恋を示すため、既に好きな異性がいても、心を奪われてしまいがちに。しかし、この衝撃的な恋には、長続きする保証はありません。

♠アドバイス

「ペオース」は、「恋愛を軽く楽しむように」と促しています。今まで深刻な恋愛に翻弄されてきた人は、息抜きや気分転換をする環境が必要です。それは、他の異性との他愛無い会話の中に見つけられるはず。フリーの人は、偶然の出会いを求めて、いろいろな場所へ出かけましょう。特に初めて行く場所に、良縁がありそうです。

結婚【直感による決断の成功】

出会ってすぐのプロポーズが成功するなど、直感的な行動が、結婚成就に有利に働くことを示します。一か八かのギャンブル的な決断が、結果的には幸福を招くのです。また、出会った瞬間に結婚を意識するような、運命を感じるシーンもあるでしょう。電撃結婚が決まり、周囲の人達をアッと驚かせることができるかもしれません。

♠アドバイス

「結婚は、相手をよく知ってから慎重に決めるべき」という判断は､正しいといえます。しかし､常識に逆らったかたちで成功する場合があるということも、覚えておきましょう。衝撃的な出会いや突然のプロポーズに、困惑することがありそうです。それは、幸運の女神があなたにほほ笑んでいるということ。喜びを持って受け入れましょう。

仕事【突然降ってくるチャンス】

急に意外な仕事が回ってきたり、予想外の結果に驚いたりという意外性のある出来事が、仕事にプラスに働きます。今まで地道に続けていた仕事でも、突然、方向転換を余儀なくされ、困惑するかもしれません。しかし、そうした逆流や中断が、結果的には良い状況を招くのです。一か八かの賭けが、成功する暗示もあります。

♠アドバイス

突然の変化も、前向きに受け止めることが大切です。また、常識や標準などのベーシックな仕事状況から逸脱し、奇抜さや斬新さを取り入れて。それは当たり外れの大きい、危険な賭けかもしれません。しかし今のあなたには、それを成功させる強い運気があるのです。同業他者が行っていないことに、目を向けてみてください。

友人（人間関係）【偶然が縁を結ぶ人間関係】

懐かしい人と意外な場所で出くわすなど、偶然の出来事により、良い交際を形成できる予感があります。また、距離感があった人と、意外な共通点があることがわかり、一気に親しくなる……というようなことも。一つのきっかけが、急速に友情を深めるのです。しかし、一時的に親しくなれるものの、関係の永続性には欠けがちです。

♠アドバイス

人間は、自分と似た要素を持つ人に惹かれる傾向がありますが、それにこだわらず、さまざまなタイプの人に心を開いてみましょう。異質なタイプの人と意気投合して、その交際から、新たな価値観や視点を学べる可能性があります。一見、エキセントリックな人ほど繊細な感情を持つなど、内面と外面の違いも理解できそうです。

家庭（人間関係）【家庭に訪れる意外なニュース】

家庭の中に、意外なニュースが飛び込んでくる暗示があります。それに驚くと同時に、突然の出来事のため、不安や動揺が生じるかもしれません。しかし、結果的にはそのニュースは、家族の状況をより良い方向へと導いてくれるのです。また、停滞していた家庭内の空気を動かし、活気のあるムードへと高める役割も果たすでしょう。

♠アドバイス

日頃から家族に対して厳しくなっているようなら、心に余裕と優しさを持ちましょう。「家族は、こうあるべきもの」という固定観念が強いと、せっかく訪れる新鮮な空気を受け止めることができません。家族の誰かが、突然驚くような言動を取るかもしれませんが、それを寛大に受け入れることが、家庭運の好転を呼び込むのです。

健康【体調の変化が身体を鍛える】

予想以上に、健康状態に恵まれている時です。健康上の変化が増えますが、それは結果的には、健康状態の好転へとつながるようです。一時的に体調を崩しても、それが治る頃には、以前より強固な肉体になっているはず。身体が病気との戦いに勝つことにより、パワーアップするのです。まさに、「怪我の功名」といえるでしょう。

♠アドバイス

長年、同じ健康法を続けているのであれば、取り組み方を見直す必要があります。例えば、若年層向けのサプリメントが体質に合わなくなっているかもしれません。それと同時に、全く思いつかない意外な健康法が、今のあなたに役立ちます。興味を感じる健康法を、つぎつぎと実践して。その中から、体質に合う方法が見つかるでしょう。

願い事【運の良さにより叶う願い事】

その願い事は、全く予測できない意外な経緯で、実現する気配があります。突然降って湧いたかのように実現するため、努力の有無は、あまり関係がないかもしれません。運により、幸運をつかめるのです。特に、宝くじや懸賞などギャンブル的なことに関しては、幸運度が高いでしょう。それは日頃の良い行いが、反映しているといえそうです。

♠アドバイス

地道に頑張った量と、願い事が実現する確率は、比例するわけではないようです。逆に、狭い枠組みの中で同じことを繰り返しているだけでは、チャンスをつかめないでしょう。願い事を実現させるために必要なのは、「冒険する」ということ。未知の世界に足を踏み入れ、行動範囲を広げることで、チャンスの女神はほほ笑むのです。

ペオースの逆位置

正位置との大きな違い

「ペオース」の文字は、ギャンブルでサイコロを振る時に使用する、振り壺のような形をしています。正位置では、その口が未来を司る右側に向かって開いていています。それが逆位置になると、過去を司る左側を向くことになります。右側がポジティブ、左側がネガティブな力が強いため、正位置では、偶然の出来事が有益に働くといえるのです。そして逆位置では、偶然の出来事により、状況が悪化すると判断できます。

逆位置での恋愛【変動の多い不安定な恋】

デートや連絡の間隔がまちまちだったり、異性の言動がコロコロ変わったりするような、不安定な恋愛を示します。出会ってすぐに恋愛関係に陥り、その場限りの関係に終わるような場面もありそうです。「ペオース」逆位置の恋愛には、誠意は存在しません。偶然や予想外の動きがあっても、長く続かないことを暗示しているのです。

♠アドバイス

落ち着かない恋愛状況が訪れますから、しばらくの間は安定した交際や結婚など、多くを求めないようにしましょう。特に、新しく知り合った異性には警戒心が必要です。相手は気紛れなタイプか、遊び感覚の恋愛を求めているのかもしれません。後腐れのない、一時的な恋を求めている人にとっては、楽しめる時期であるといえます。

逆位置での結婚【突然の婚約破棄や離婚話】

「ペオース」逆位置が持つ不安定さや落ち着きのなさは、結婚にダメージを与えます。思いつきでプロポーズしたり、婚約を決めたりしても、結局は、呆気なく反故にされる可能性が。結婚成就を焦っている人ほど、口先だけの軽い異性に引っかかり、後悔しそう。既婚者の場合は、突然離婚の話を出されて、動揺する心配があります。

♠アドバイス

安定を意味する結婚とは相反したルーンですから、まずは、それを心得ておきましょう。結婚を焦り、目先の異性に飛びつくことが、大きなトラブルの元になります。特に、合コンや婚活パーティーでは、外見だけで異性を選ばず、性格を重視することが大切。やはり、信頼関係を築いてから婚約するという王道が、一番の近道なのです。

逆位置での仕事【予想外に悪化する仕事】

仕事の流れが、予期しなかった方向へ進みそうです。それにより業績が落ちたり、職場での肩身が狭くなったりと、仕事状況を悪化させることに。特に口車に乗せられて、損をする可能性が高い模様。簡単に儲かるような美味しい話には、裏があると思いましょう。職場内で反逆する人が現れ、落ち着かなくなる気配もあります。

♠アドバイス

仕事に真面目に取り組んでいても、突然訪れる変化は、避けられそうにありません。ですから、すぐに軌道修正を図るなど、その後の対処を慎重に図ることが大切です。また、一か八かでの投機も避けてください。それと同時に、裏のある人や腹黒い人への警戒心が必要です。良い話ばかりする人には、別の意図があるはずです。

逆位置での友人（人間関係）【落ち着きのない交友関係】

さまざまなタイプの人と、交流できる時です。しかし、出会ってすぐに意気投合しても、その場限りの交際で終わったり、交際する友人が頻繁に変わったりと、落ち着きのない関係が続くことに。話題の中心は流行や遊びに関してなど、中身の薄いものになります。いろいろな人とつき合う割には、心の交流は少なく、寂しさは拭えません。

♠アドバイス

周囲には、軽さや楽しさを求める人達が多く集まり、悩みや深刻な話を出すと、マイナスイメージを持たれるようです。本音を出せない苦しさはありますが、あなた自身も、その場を楽しむと割り切って過ごしましょう。また、嘘やおべっかの多い人物には要注意。口先だけの親切な言葉を簡単に信じて、泣きを見ることになりかねません。

逆位置での家庭（人間関係）【一体感を得られない家庭】

本来は、憩いの場であるはずの家庭に、落ち着かない状況が訪れます。突然、驚く話が入って家族全員が動揺したり、家族の誰かが、驚くような言動を取ったりする気配があります。そうした出来事は家庭内の混乱を招き、一体感を崩すでしょう。また、家族の主義や趣向がバラバラになり、話が噛み合わなくなることも考えられます。

♠アドバイス

家族だからといって、常に同じ方向を向いていなければいけないわけではありません。何とかして家族をまとめようとしても、すぐには難しいようです。家族それぞれがべつべつの感情を抱えているのですから、しばらくは静観していましょう。あなた自身も家庭という枠を外して、自由気ままに、外の世界を闊歩《かっぽ》してみてください。

逆位置での健康【体調の変化が体力を落とす】

体調の変化が多い時です。それは、寒暖の差が激しいことへの対応や、多忙さにより、生活リズムが乱れることかもしれません。食生活が不規則になることも大きな要因として挙げられます。身体がそうした変化についていけず、体力を消耗しやすいのです。また、診察を受けると、意外な診断結果が出て、驚く可能性もあります。

アドバイス

慌ただしい生活の中では難しいかもしれませんが、できる限り、生活のリズムを整えるように心がけましょう。毎朝、目が覚めたら、輝く陽光を全身に浴びるようにしたり、野菜ジュースやスムージーを飲んだりすることも、健康管理に役立ちます。また、慣れないスポーツは身体を痛める心配があるので、避けた方が無難です。

逆位置での願い事【運を逃して叶わない願い事】

残念ながら、願い事が叶う確率はかなり低いといえます。それは「ペオース」自体がギャンブル性を示し、それが否定的な側面を示す、逆位置になっているためです。特に、投機的な願い事に関して、アンラッキー要素が強いでしょう。その願い事があくまでも気紛れで一時的なものであることも、叶わない要因であるといえそうです。

アドバイス

まずは、その願い事が自分の人生にとって、本当に必要なものなのかどうかを検討しましょう。もしかしたら、単に退屈しのぎのための、刺激を求める願い事かもしれません。そうした願い事にまで手を回すほど、神様は暇でも、お人好しでもないのです。しかしそれは、切羽詰まった願い事がないほど平和ということだといえます。

エオロー

災難や邪気から保護され
良い仲間に恵まれる

恋愛【友情に近い爽やかな恋】

グループ交際など爽やかな恋愛を示します。気さくに話せる異性の友達の中から、恋人候補が浮上するでしょう。複数の異性が同時に気になる場合もあります。それは、現段階ではあまり深みのない、友情に近い恋愛感情だからといえるでしょう。また、腹黒さのある異性からは防御されていますので、心配はいりません。

♠アドバイス

周囲にいる異性は皆、心根の良い人ばかりのはずです。しかし、恋人候補を一人の異性に絞るには、今は時期尚早のようです。どの異性も気の合う良い人でありながらも、燃える恋をするほどの強力な縁はないのでしょう。そして、今のあなたはいろいろな異性との楽しい交流を通して、異性を見る目に磨きをかける時期なのです。

結婚【仲間を通して良縁をつかむ】

友人知人から祝福される、爽やかで幸福な結婚が実現しそうです。恋人がいる人は、周りの後押しが功を奏し、結婚の実現へと進めるはず。フリーの人は、友人からの紹介を通して、気が合い結婚を意識できる異性と出会えるでしょう。多くの人の手助けと応援に励まされ、着実に結婚への段取りを組み、それを進めることができるのです。

♠アドバイス

結婚への迷いや不安が生じているなら、気の置けない仲間に打ち明けてみましょう。例えば、今の恋人と結婚した方がよいか、プロポーズをした方がよいかなどは、あなたより仲間の方が、冷静沈着な判断を下せるはずです。結婚相手と縁がないと思う人は、先に友人知人の数を増やすことに専念して。そこから良縁が見つかります。

仕事【友好的な仕事仲間】

人間関係の順調さが、仕事の流れもスムーズにします。職場の仕事仲間や取引先には気さくで心根の良い人が多いため、詮索や計算などすることなく、和気あいあいと仕事を楽しめるでしょう。強固な協力体制が有利に働き、大規模な事業も流れるように進むはずです。また、会社の安全保障も確実で、安心できる状況も示します。

♠アドバイス

上下関係の強化も必要ですが、それ以上に、横並び意識を高めることが必要です。取引先との関係はもちろん、同僚との関係も密に、そして平和にすることを心がけて。ライバル意識を持つことは、あなたの仕事状況も悪化させてしまうのです。それぞれの得意な面を活かし合い、協力体制を強化することで、発展性も高まります。

友人（人間関係）【気の合う仲間に恵まれる】

「エオロー」は、仲間や同僚との良い関係を示すため、友情を占った時に出ると、非常に幸運度が高いといえます。似た性質を持つ人達とリラックスできる、平和な交友関係を築くことができるでしょう。また、「保護」という意味から、苦手な人と縁が切れることも期待できます。それも、自然の流れの中で淘汰されるのです。

♠アドバイス

今のあなたには、友情は必要不可欠です。人づき合いが得意ではなくても、お誘いには極力乗ったり、同窓会や講演会などの集まりには、積極的に参加したりして。広く浅くで構いませんから、交友関係を広げるように努めましょう。その上で、誰かを助けたり逆に援助を求めたりと、持ちつ持たれつの関係を形成してください。

家庭（人間関係）【保護力の強い安全な家庭】

住居のセキュリティーシステムが万全であるなど、家族の安全を第一に考えた、安心できる家庭を示します。親の子に対する、もしくは配偶者同士による、保護意識や管理意識も強いようです。そのため、家族の身に何かが生じても、すぐに対処できて、大事には至らないでしょう。家庭内のアットホームな雰囲気も、暗示しています。

♠アドバイス

家庭内に安心感があり、平和に過ごせる時ですから、存分に幸福感を満喫しましょう。特に、家庭内に多くの人を集めると、和気あいあいとしたムードが高まります。親戚一同や家族それぞれの友人を招き入れ、ちょっとしたホームパーティーを開いてみては。家族ぐるみで関わる人達が増えることで、人生が豊かになるのです。

健康【健康を守る静かな生活態度】

災難や邪気から守られていますから、突発的な事故や事件による傷害の心配は、まずないといってよいでしょう。また、無茶をしない安定した生活振りも健康運を穏やかにします。静かな室内で休日を過ごすような姿勢が、功を奏すのです。現在、体調を崩している人は、良い病院や良い治療法に恵まれ、穏やかに回復するはずです。

♠アドバイス

健康状態を維持するためには、健康を害しやすい環境や食べ物を、生活から排除することが大切です。例えば、外から帰ったらうがいと手洗いを欠かさず、細菌を持ち込まないようにしましょう。添加物や脂分の多い食品を摂取するのも控えてください。その上で、過激さのない穏やかな生活を送れば、健やかに過ごせるはずです。

願い事【大勢を幸福にする願い事】

少し時間は要しますが、その願い事は結果的に、叶う可能性が高いでしょう。それは、その願い事が叶うとあなただけではなく周りの多くの人達も、幸福や楽しさを感じることができるためです。周囲の人達も、願い事の実現のために力を貸してくれるでしょう。そして、その我欲から離れた願い事を、神様も応援してくれるのです。

♠アドバイス

自分の願い事を叶えるために、他者に協力を要請するのは、エゴではないかと躊躇《ちゅうちょ》するかもしれません。しかし、社会や大勢の人に役立つ願い事であれば、多くの人達が喜んで協力を申し出るものなのです。そしてそれを願い出た人達は、あなたにとっての同士であるといえます。頑張りも喜びも、分かち合う体制を築きましょう。

エオローの逆位置

正位置との大きな違い

「エオロー」の文字の形は、スウェーデンに多く生息する、ヘラジカの角を示すといわれます。また、束ねられた3本の線は、三者が協力し合う姿のようです。

正位置では、大きく広がったヘラジカの角が、空に向かって勢い良く伸びていますが、逆位置になると下を向き、朽ちた姿となります。角を失ったヘラジカは、敵からの攻撃を正面から受け、大怪我を負ってしまうでしょう。そのような無防備な状況に、さらされることを示すのです。

逆位置での恋愛【隙があり損をする恋愛】

警戒心や防衛心に欠けて隙があり、不誠実な異性や好みではない異性を引き寄せ、損をしがちです。また、恋愛の対象ではない異性の友人から恋心を示され、困惑してしまう可能性も。「押せば何とかなる」という儚《はかな》げなムードを漂わせていることが、その要因なのでしょう。異性に寄りかかる姿勢が、マイナスになる場合もあります。

♠アドバイス

無防備な姿勢が、恋愛の障害になることを示しますが、決してガチガチに防衛していればよいというわけではありません。臨機応変に、相手によって防衛の強度を変えることが必要なのです。恋愛は、非情な面があります。恋愛対象にならない異性に冷たくすることは、正当防衛です。そしてある意味、親切であるといえるのです。

逆位置での結婚【無防備さがトラブルを招く】

防衛心が薄く、結婚トラブルを簡単に呼び込んでしまう状態のため、注意が必要です。あなたの結婚願望を嗅ぎつけて、不誠実な異性が接近しやすい模様。もしくは、結婚願望が強くて焦っている異性を、簡単に引きつけます。それが結婚詐欺やストーカー的被害などの、ゴタゴタを招くことに。線引きの薄さが、その大きな原因です。

♠アドバイス

求める結婚の定義が曖昧になっていることも、結婚トラブルを招く一因です。「どのようなタイプの異性と、どのような結婚をしたいのか」を明確化し、周りに伝えましょう。苦手なタイプの異性が離れる上に、理想の異性を紹介される率が高まり、一石二鳥です。また、既に友達になっている異性は、結婚相手には向かないようです。

逆位置での仕事【孤立しやすい仕事状況】

仲間と取り組む職種であっても、周囲と歩調を合わせにくく、孤立感を味わいがちです。逆に周囲に合わせすぎて、自分の意志が通らないと感じる可能性も。主張と妥協の狭間で悩むことになるでしょう。また、会社や組織の防衛心の薄さが災いして、儲け話に乗せられて失敗したり、盗難に遭ったりしやすいので要注意です。

♠アドバイス

良い人間関係を構築することは、仕事上で非常に大切です。しかし、ルーンは「今は、周りを簡単に信じてはいけない」というメッセージを伝えています。仕事仲間の中に、自分の得だけを計算していたり、足を引っ張ろうとしたりする人が存在するのでしょう。誰が誠実で誰がそうではないのかを、しっかりと見極めてください。

逆位置での友人（人間関係）【流されて損をする関係】

交友関係に関して、強い役割を持つ「エオロー」の逆位置が出ると、トラブルの多さが強調されます。特にグループ内では、自己主張の強さで浮いてしまうなど、馴染むことができない様子。また、自分勝手な人の言いなりになり、自分だけが損をする気配もあります。悪事を働く人達に流され、染まってしまう心配も否定できません。

♠アドバイス

人間関係での努力を放棄すると、自然と交際する人達の質が下がります。例えば、愚痴や文句が多かったり、向上心がなかったりする人達に巻き込まれやすくなるのです。まずは、そうした人達に影響されないように、心を防御してください。真の自信を持つなど自分の内面を確立できていれば、簡単に染まることはありません。

逆位置での家庭（人間関係）【保護力の弱い不安定な家庭】

セキュリティー対策の不備を含め、無防備な家庭の状態を示します。そのため、親戚やご近所に何かと横槍を入れられるなど、家族以外の人達に振り回される傾向があります。個々の家族の意志も弱く、周囲の言動に流され気味に。また、詐欺や盗難にも遭いやすく、金銭トラブルも多発しそう。家族間の一体感に欠けることも、その要因です。

♠アドバイス

家庭内の結束力が弱まっていますから、それを強化することが、最優先です。ときどき家族全員顔を合わせて、本音を話す場を設けましょう。特に、普段からの金銭管理については、綿密に話し合っておくことが必要です。また、財産管理における安全対策を、強化することも必要。セキュリティー対策を、しっかりと見直してください。

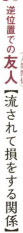

逆位置での健康【無防備さが疾病を招く】

健康に対する無関心さや無防備さが、思わぬ疾病を引き込む心配があります。特に、ウィルスを取り込みやすいという点で、風邪やインフルエンザなどの感染症に罹《かか》りやすい模様。また、煙草やお酒、添加物など、身体に悪い物を多く摂り込み、体質が弱くなる傾向もあります。防御の姿勢に欠けるため、体内が汚染されやすいのです。

♠アドバイス

何よりも防御して、身体の中に悪いものを入れないことが第一です。風邪やインフルエンザが流行っている期間は、マスクを忘れずに携帯し、うがいと手洗いを心がけ、ウィルスから身を守りましょう。添加物やアルコールなど、身体に悪いものを控え、代わりに緑黄色野菜など、身体に良いものを多く摂り入れることが大切です。

逆位置での願い事【叶わない利己的な願い事】

その願い事が叶う可能性は、低いようです。何故ならば、その願い事が叶ったとしても、周囲の人達は幸福感を味わえないためです。あなただけが得をして、その分、周りの人達が不快な思いをするという、利己的な願い事だといえるのでしょう。その願い事の根底には、「周囲を見返したい」という願望があるのかもしれません。

♠アドバイス

多くの願い事は、自助努力を重ねて叶う、というのが前提です。しかし、その願い事は「周りが変わって欲しい」という、他力本願的な要素が強いのではないでしょうか。自分の意志や願いをかけることで、周りを変えるのは困難です。結局は、自分が変わることでしか願い事は実現しないということを、頭に入れておきましょう。

シゲル

明るく輝く屈託のない
栄光や希望に満ちた状態

恋愛【明るく開放的な恋愛】

臆さずにオープンにできるような、明るく爽やかな恋愛を示します。二人の間に笑顔が絶えず、屋外でスポーツを楽しむなど、開放的なデートを満喫できます。周囲の人達も二人を祝福し、未来は明るい希望に満ちているでしょう。片想いであれば、交際にたどり着ける可能性大です。ただし、甘く濃密なムードには欠けがちです。

♠アドバイス

どのような恋愛にも、未来への不安や恐れはつきものです。しかし、「シゲル」はあなたに暖かい黄金の輝きを降り注ぎながら、心の中に巣食うネガティブな感情を、すべて溶かしてくれています。遠慮せず、二人の未来は明るいと、希望に胸を打ち震わせていてよいのです。ネガティブな感情を抱えるのは、時間の無駄というものです。

結婚【明るい家庭を築ける結婚】

「こんな結婚がしたい」というビジョンがあるなら、ほぼそのままのかたちで、理想の結婚が実現するでしょう。既にカップルなら、プロポーズが成功して、トントン拍子に結婚へと進みます。周囲の人達から祝福され、輝かしい第二の人生の門出となるでしょう。結婚後は、明るく幸福な家庭を築くことが、約束されているのです。

♠アドバイス

素晴らしい結婚が約束されていますから、未来を悲観視したり、不安に思ったりする必要はありません。実現の時を目指して、少しずつお気に入りの食器を揃えるなど、結婚の準備を進めておきましょう。家事の腕前を磨いておくこともオススメです。既に結婚したいと思う異性がいるなら、自信を持ってプロポーズしてください。

仕事【大成功して注目を浴びる】

燦々《さんさん》と降り注ぐ陽光のように仕事で成功を収め、華やかなスポットライトを浴びることができそうです。高い才能や業績が表彰され、一躍有名人になれる可能性も。あなたが仕事で出す成果は、それだけ社会や人々のために、役立つものだといえるのです。職場のムードも明るく、和気あいあいと楽しく仕事に取り組めるでしょう。

♠アドバイス

何事もオープンにすることに、幸運があります。水面下で進めている作業や温めている企画を公表すると、多くの人の賛同を得られ、さらに順調に進むでしょう。メディアで広告を打ったり、大々的なキャンペーンを行ったりしても、高い効果を得られます。大事業に携わるほど成功しますから、夢を大きく広げてみてください。

友人（人間関係）【明るく本音を出せる交際】

嘘偽りのない本音をぶつけ合える、オープンな関係を築けます。その関係には強い信頼が根づいているため、何を言っても、笑顔で受け入れられるでしょう。また、共にレジャーイベントを楽しめる、明るく屈託のない交友関係も示します。憧れの人や有名人、社会的成功者と縁ができるなど、華やかな交際も期待できるでしょう。

♠アドバイス

「ありのままの、自分でいなさい」と「シゲル」は告げています。人前で背伸びをしたり、欠点を隠したりするほど、楽しい人間関係からは、遠ざかってしまいます。完璧な人は存在しませんし、多くの人が、欠点がある人に安堵感と親しみを持てるのです。素直な自分を受け入れられた時に、真の人間関係が成立するでしょう。

家庭（人間関係）【笑いが絶えない楽しい家庭】

明るさと無邪気さが漂い、笑い声が絶えない、理想的な家庭を示します。家族が信頼し合い、自分の現状や考えを、常にオープンに話せるでしょう。そのため、隠し事などの暗い影が全く存在しないのです。また、家族に関する朗報が舞い込み、さらに笑顔に包まれる予感もあります。子宝を願っている人にも、吉報が訪れるでしょう。

♠アドバイス

現在、家庭内に暗雲が立ち込めていたとしても、やがて霧が晴れるようにクリアになりますから、希望を持っていて大丈夫です。今、あなたにできることは、家庭内の雰囲気を明るくすることだけです。リビングに明るい絵や写真を飾ったり、ポジティブな言葉を投げかけたりしてください。家族の心に一条の光を差し込ませてください。

健康【強い生命力を持つ身体】

極めて高い健康運です。現在、疾病を抱えている人は、体内の強い浄化力により、みるみるうちに快方に向かうでしょう。健康体の人は、アウトドアやハードなスポーツを謳歌《おうか》して、エネルギッシュに過ごせるはずです。それだけ体内には、強い生命力が宿っているということです。少々の疲れや細菌に負けることはないのです。

♠アドバイス

身体と心はつながっているといわれますが、まさに明るく希望に満ちた精神が、体内のパワーや浄化力を高めます。ですから、体調が思わしくなかったとしても、悲観的になってはいけません。常に頭の中で、元気になった自分をイメージしましょう。また、午前中の爽やかな陽光に当たる習慣をつけることで、体質を強化できます。

願い事【理想通りに叶う願い事】

願い事が叶う可能性は、極めて高いといえます。それはその願い事が、あなたにとって真に必要なものであるからといえるでしょう。そして、その願い事が叶うことで、あなただけではなく、たくさんの人達が幸福感を味わうことができるためです。願い事といっても、そこには我欲はほとんど含まれていないのでしょう。

♠アドバイス

神様に届きやすい感情は、屈託や計算のない、純粋無垢《むく》な感情です。今のあなたは、そうした感情に願い事を乗せて、神様に届けられるのでしょう。ですから、神様に認めてもらいやすい状態なのです。これから年齢を重ねても、その純粋さを失わずに、神様と向き合いましょう。素直でいればよいのですから、難しくはありません。

ティール

何も恐れない勇敢さと闘争心による、戦いの勝利

恋愛【押しの一手で獲得する恋】

支配欲や攻撃性の強い、あまり穏やかではない恋愛状態を示します。片方が積極的に相手にアタックをかけ、それが両想いへと導くでしょう。一度愛情を持ったら、是が非でも相手をものにしようと、全力で体当たりするのです。そのため、三角関係における略奪愛も、成功する可能性大です。果敢な行動が、恋の成功を招くのです。

♠アドバイス

恋愛成就のパターンには、自然の流れに任せるなど、多くのものが存在します。今のあなたに必要なのは、自分から恋を勝ち取りに行くということ。ただ何かが起こるのを待っているだけでは、退屈な時間が延々と続いてしまうのです。片想いなら、お誘いの声をかけてください。フリーなら、合コンの席で恋を勝ち取りましょう。

結婚【強い意志で成就させる結婚】

強引なプロポーズを受け入れたり、自分からのプロポーズが成功したりと、強い意志と積極的な行動により、結婚をつかめます。相手の結婚願望が弱くても、強引に押し切ることで、首を縦に振らせることができるでしょう。また、競争相手が多いほど、結婚への獲得意欲は高まります。不倫からの略奪結婚も、成功する勢いがあるのです。

♠アドバイス

結婚が決まることがゴールではなく、あくまでもスタート地点に立ったということです。強引な押しで婚約しても、後々その反動を招くことも、決して否定できません。例えば、結婚式の直前になって相手に逃げられる……という可能性も考えられるのです。婚約後に、いかに相手の愛情と信頼を育てられるのかが、鍵になります。

仕事【競争相手に打ち勝つ仕事】

「ティール」が示す闘争心や攻撃心は、高い目標の迅速な達成や、ライバル打倒のために使われます。かなりの集中力を発揮しますから、短期間でも周りを圧倒するような、高い成果を上げられるはず。ライバルにも打ち勝ち、頭角を現せるでしょう。結果的に多くの敵を作ることになりますが、それも勲章といえるのでしょう。

♠アドバイス

エネルギーを注ぐ的を絞ることで、集中力が高まります。熾烈《しれつ》なライバル争いも、あなたにとっては火に油を注ぐような、活力の源になるのでしょう。しかし、本来の仕事が持つ意味を思い出さなければいけません。収入を得るほか、社会や人々のために役立つことが、仕事の本来の姿です。決して誰かに勝つことではないのです。

友人（人間関係）【リーダーシップを取る】

闘争心を表す「ティール」が人間関係で出ると、穏やかではない状況が訪れます。それは人々が口々に自分の意見を出し、喧々《けんけん》諤々《ごうごう》とした論争が生じるのかもしれません。また、リーダーシップを取る状態も暗示します。多くの人達を統率できる、強い意志と行動力を持つためです。先頭を切って歩くことができるでしょう。

♠アドバイス

周囲の意見や主義を軽視して、自己主張だけに熱心になっていないか、自分を振り返ってみましょう。自分を押し通すことに集中しすぎて、他人の気持ちを無視しているかもしれません。特に、リーダーシップを取る際には、周囲の人達の感情に敏感になってください。ただ勢い良く進むだけでは、反感を買われる場合が多いのです。

家庭（人間関係）【論争が生じる家庭】

本来、憩いの場である家族に関して「ティール」が出たら、波風が立つことに警戒する必要があります。例えば、家族内での意見が分裂して、論争が巻き起こるかもしれません。また、家族の誰かが、攻撃的になる心配もあります。しかし動揺は生じても、結果的には家庭内を活気づけ、次第に良い状況に落ち着く可能性が大です。

♠アドバイス

平和な日常を送ることが、基本的な家庭の役割です。しかし、ときには変動が生じなければ、家族全員が進歩できません。口論が生じるような緊迫した状況の時は、その変動の時期だといえます。家族が本音をぶつけ合い、潜在していたネガティブな感情を吐き出すのです。ですから逃げたりせず、正面から受け止めましょう。

健康【大胆な治療や健康法の成功】

大胆な治療や健康法が、成功する暗示があります。特に、手術を控えている人にとっては幸運です。手術は成功して、急速に健康体へと向かえるでしょう。また、毎日ジョギングをするなど、ハードな健康法を取り入れるほど、効果があります。勝敗のあるスポーツでも、良い結果を出せる時です。実力を発揮できて、注目されそうです。

♠アドバイス

エネルギーが有り余っていますから、適度な運動でそれを発散させるのが、一番の健康法です。ジッと過ごしているとフラストレーションが溜まり、怒りっぽくなりやすいので注意しましょう。また、身体を温めて血行を良くすることも、健康体への近道。寒い時期は足湯や半身浴で血行を促進し、同時に汗を流してください。

願い事【全力で叶える願い事】

あなたはその願い事を叶えるためには、手段を選ばないでしょう。それだけ、何が何でも叶えたいと思っているはず。ですから、願い事が叶う確率は、高いといえるのです。しかし、叶うためには何かしらの犠牲が必要です。それはあなた以外の誰かを、深く傷つけることかもしれません。その願い事に、勝敗が絡んでいるためです。

♠アドバイス

その願い事を叶えることとは、あなたにとって、何かを学べるという点で、必要なことなのでしょう。しかし、願い事を叶える上で、誰かを突き落すのだとしたら、その後の注意が必要です。何故ならば、自分が出したことは、いずれ自分に返ってくるためです。誰かに突き落とされるという未来が形成される可能性が生じるのです。

ティールの逆位置

正位置との大きな違い

矢印の形をした「ティール」の文字は、チュール神が持つ剣を彷彿とさせます。正位置である上向きの矢印は、明るい天の世界を指し、勇敢さや闘争心が、建設的なかたちで使われることを示します。

逆位置になると、矢印は暗い地のある下を向いてしまいます。利己的な欲求が強まり、「ティール」が持つ闘争心や攻撃心が、人の心を傷つけるような、残忍的な方向へと使われることを暗示します。状況を破壊する、非建設的な状況なのです。

逆位置での恋愛【攻撃的な異性やライバル】

激しいライバル争いに巻き込まれるなど、恋を勝ち取ることの難しさを痛感しそうです。頑張ろうと立ち向かうほど、コテンパにやられる可能性が。結果的には、敗北を認めざるを得ない状況に陥るでしょう。また、好きになった異性が攻撃的で、頻繁に傷つけられる心配もあります。危険な匂いに惹かれてしまうのかもしれません。

♠アドバイス

恋愛とは、本来自分を幸せにするものであるはずです。傷つけられて、たくさんの涙を流しても、まだその恋にしがみついているのは、「自分には、不幸がお似合い」という間違った認識が、心の底に染みついているからかもしれません。いつまでも、幸福感を味わえないのなら、本当に必要な恋愛のかたちを、改めて考えてみるべきです。

逆位置での結婚【喧嘩や第三者が結婚を阻む】

結婚を求めるほど、何かしらの妨害が生じそうです。その妨害には、結婚したいと思う異性との大喧嘩や、第三者からの邪魔が考えられます。こうしたことが、二人の愛情を冷めさせ、婚約破棄になる可能性があるのです。また、結婚を焦る気持ちから、相手選びを失敗しがちに。即断即決は、トラブルに発展するので避けましょう。

♠アドバイス

結婚に関するさまざまな指針への基準の設定が、間違っているようです。例えば、理想の相手と思っているタイプは、実はあなたに適していないのかもしれません。また、相手探しの方法や、望む結婚の時期も、見直す必要がありそうです。今すぐに結婚する必要は、ないのではないでしょうか。一度、理想を白紙に戻してください。

逆位置での仕事【厳しいライバル争い】

ライバル争いが熾烈で、ギスギスした仕事状況を示します。そうした中で、成績が思うように上がらず、競争では敗北していると感じがちに。少しでも頭角を現すと叩かれるため、働きにくい状態でしょう。また、上司や先輩が厳しく、長時間の残業など、無理難題を押しつけられる傾向も。気を抜けない、緊迫した状態が続くのです。

♠アドバイス

険悪な空気に満ちた職場にどっぷりはまると、心身の状態を崩す心配があります。ライバル争いへの積極的な参加は避け、できる限り、傍観する姿勢を貫きたいもの。勝敗に一喜一憂せず、自分のペースを大事にしましょう。他愛無いジョークを投げかけるなどのユーモアセンスが、深刻な状況を緩和させる上に、一目置かれるはずです。

逆位置での友人（人間関係）【攻撃や喧嘩が絶えない交際】

攻撃的な人から、激しく傷つけられる心配があります。グループ内であれば、いじめや仲間外れの標的にされる可能性も。ネガティブな気分にさせられる人からは、できるだけ距離を置きましょう。また、人を怒らせたり、自分自身が怒ったりして、激しい喧嘩になる可能性も示します。関係の修復は可能ですが、時間はかかるでしょう。

♠アドバイス

人間関係では、怒りは怒りを呼び、思いやりは思いやりを呼びます。今の状態は、前者に当たっているのでしょう。怒りを感じるということは、相手の立場から物事を見ていないということ。自己主張を止めて、相手の心情に思いを馳せてみましょう。理解して認めることで、相手もあなたを理解し、認めてくれるようになるのです。

逆位置での家庭（人間関係）【険悪なムードが漂う家庭】

家族それぞれの自己主張が激しく、家庭内で衝突を繰り返しがちです。家族が家族に対して、潜在的に持つ家族愛の存在を忘れ、優しさを出し惜しみしている状態です。一人のギスギスとした言動が、他の家族にも伝染し、広がっているのでしょう。鋭い言葉の剣が振りかざされ、家庭の中に、安らぎを見出すことは困難なようです。

♠アドバイス

あなたが家族に剣を振りかざしている側であれば、少し気持ちを入れ替えることで、すぐに空気が変わります。家族であっても、自分と相手は別個の人間であると考え、相手の価値観を認めてみましょう。剣を振りかざされている側であれば、腹を据えて毅《き》然《ぜん》とした態度を取ってみましょう。相手に影響されないという姿勢が必要です。

逆位置での健康【痛みを伴う怪我や病気】

健康運を占った時に「ティール」逆位置が出たら、厳重な注意が必要です。「ティール」が意味する攻撃力が、悪いかたちで表れるためです。特に、怪我には十分注意してください。はさみや包丁の扱いにさえも、神経をとがらせる必要があります。また、痛みを伴う病気も暗示しています。頭痛や腹痛持ちなら、鎮痛剤を忘れずに。

♠アドバイス

怪我が予想されるシチュエーションは、極力避けましょう。例えば、ハードな運動は中止にして、自転車や自動車の運転もできる限り控えたいもの。料理中は、熱い鍋をつかんでの火傷や包丁による擦り傷に、十分気をつけて。針仕事も避けた方が無難です。そしてできるだけ、リラックスした精神状態で過ごしてください。

逆位置での願い事【幸せになれない願い事】

その願い事は、非常に叶いにくいといえます。それは、その願い事の内容が、怒りや恨みなどのネガティブな感情から、発生しているからのようです。実際にその願い事が実現しても、あなたを含めて幸福になれる人は、誰一人いないのかもしれません。また、実現するのが非常に難しい、無理難題な願い事である可能性もあります。

♠アドバイス

その願い事は、本気で叶えたいと思っているのか、叶ったらどれだけ幸せになれるのかを、一度考え直してみましょう。そして、新しく願い事を考え出す際には、どのような時に心から幸せを感じるのかを、時間をかけて思い出してください。自分にとって何が真の幸福なのかが見えてくれば、もっと素敵な願い事が浮かぶはずです。

ベオーク

母性愛や父性愛により
すくすくと育成する物事

恋愛【父母のように慈しむ愛情】

母性愛を表す「ベオーク」が恋愛で出ると、異性に対して、母性愛や父性愛に似た慈愛心を持つことを示します。まるで子供を育てるように、相手を自分の手で成長させたいと望むでしょう。また、相手に母性や父性を感じる場合もあります。ドキドキするような恋愛特有の高揚感には欠けますが、深い慈愛で結ばれているのです。

♠アドバイス

今のあなたに必要なのは、甘えたり甘えられたりする、安らぎのある恋愛です。それは、日頃から精神が張り詰め、安らぎの場がないからかもしれません。相手の言動に一喜一憂するようなハラハラする恋愛は、さらにあなたを疲労困憊させるのです。親子のように安らぎ、深い絆で結ばれた恋……。それが、真の幸福を招くのです。

結婚【温かい家庭を築く結婚】

母親や温かい家庭を象徴する「ベオーク」が結婚で出ると、幸運です。二人の間で順調に愛情が育まれ、ごく自然な流れの中で、結婚が成就するでしょう。場合によっては、できちゃった婚を示すこともありますが、それも運命によるものなのです。フリーの人は、優しく温かい人柄が異性を引き寄せ、恋愛結婚が実現するでしょう。

♠アドバイス

愛する異性に結婚を決意させるには、「一緒にいると、癒される」と思われることが大切です。やきもちを焼かせるなどの駆け引きは、不信感や不安を与え、全くの逆効果になるでしょう。相手が疲れている時には、愚痴を黙って聞いたり、美味しい食べ物を差し入れしたりして。料理上手のアピールも、高い効果を得られます。

仕事【穏やかに成長する仕事】

注目されるような派手さはありませんが、地道に取り組み続けている仕事が着実に成長し、良いかたちに育っていることを実感できそうです。そうした状況を、周りの人達と心から喜び合えるでしょう。成長した仕事が、さらに新しい仕事を生み出す……という好循環に。新しく始めた仕事が、順調に発展することも示します。

♠アドバイス

仕事を通して生み出す成果も、自分の子供のようなものです。人間と同様に、慈しみの感情を注ぐほど、順調に生育してくれるのです。一見、目立たない仕事であっても、時間と労力をかけて育て上げることにより、人生の中のかけがえのないものへと変わるでしょう。非常にゆっくりとした成長ですが、根気よく向き合ってください。

友人（人間関係）【面倒見の良い温かい友人】

お互いに面倒見が良く、支え合える友人関係を示します。根底での信頼ができていますから、適度に愚痴や文句を言い合え、どちらかが困っていたら、当たり前のように手を差し伸べられるでしょう。家族ぐるみの交際を、楽しむ場面もありそうです。また、目上の人から可愛がられたり、目下の人を可愛がったりする関係も示します。

♠アドバイス

多くの人間関係は、適度に距離を置いた方が、交際がスムーズです。しかし、家族以上に密接感のある友人関係も、生きていく上で必要でしょう。毎日、その日の出来事を報告し合ったり、悩みや愚痴を延々と聞いてもらったり……という深い交際が、心の支えになるのです。ただし、両方が同時に癒されているということが、大前提です。

家庭（人間関係）【慈愛心を分かち合う家庭】

温かい家庭を表す「ベオーク」が家庭運で出ると、最良の運気であるといってもよいでしょう。特に母親が中心となり、家族の面倒をこまごまと見て、豊かな家族愛を惜しみなく広げられます。そのため、家族は甘え心を持ちながら、安心して家庭に身を寄せられるのです。小さな子供達やペットも、すくすくと育つでしょう。

♠アドバイス

揺るぎない家族愛がありますから、安心していて大丈夫です。ときに重苦しく感じるのは、家族に気にかけられているが故です。放置される空虚感よりは、遥かに幸せな状況であると心得ておきましょう。家族からの心配を減らすためには、自立心を養うことが必要です。常に、自分のことは自分で完遂《かんすい》する姿勢が、安心感を与えます。

健康【順調に回復する体調】

穏やかで安定した健康状態を示します。健康作りへの意欲と努力が功を奏し、大病とは無縁でいられるでしょう。健康を害している人は、内在する治癒力により、時間をかけてゆっくりと回復に向かっていきます。体内に存在する豊かな栄養素が、大きく援護するでしょう。しかし、若干の栄養過多と運動不足の傾向もあります。

♠アドバイス

身体に必要な栄養素は、足りている状態です。ですから、不足しがちな運動量について意識を向けましょう。走り回るようなハードなスポーツではなく、ヨガやストレッチ、体操など、背筋を伸ばす運動を重視して。体内で滞っているリンパ液の流れを良くすることで代謝を高めたり、むくみを予防したりすることができるのです。

願い事【援護により叶う願い事】

その願い事が叶う可能性は、まずまず高いといえます。身近な人達の厚意により、援護を得られる可能性が高いためです。しかし、子供が成長していくように、実現する速度は非常にゆっくりでしょう。ときには、もう叶わないのではないかと諦めたくなるかもしれません。ふと気づけば、叶っていた……という状況になりそうです。

♠アドバイス

自分に関する願い事は、時間をかけて叶えることができるでしょう。しかし、他人に関する願い事は、もっと速いスピードで実現します。そこには温かい思いやりにあふれる愛情が伴っているため、神様に受け入れてもらいやすいのです。ですから、自分の願い事をかけると同時に、大事な人達の幸せも祈ってみてください。

ベオークの逆位置

正位置との大きな違い

「ベオーク」の文字は、母親の乳房を縦にした形にも似ています。正位置では、それがポジティブな側面を表す右側に向き、母親のような慈しむ愛情が、温かい状況を築くことを示しています。

しかし逆位置になると、乳房の形は、ネガティブな側面を示す左側に向きを変えます。母性愛の強さが甘やかしを招き、何かに寄りかからずにはいられない、虚弱な性質を生み出します。物事の育成も上手くいかず、頓挫してしまうでしょう。

逆位置での恋愛【気分で動く怠惰な恋愛】

マンネリ感を拭えず、惰性に流された恋愛状況に陥りがちです。欲望のままに動くため、自分の魅力を高めたり、尽くしたりする努力を放棄しがち。動きのない、低空飛行の状態が続くでしょう。また、気遣いのなさから、相手にベッタリと寄りかかったり、しつこくつきまとったりする傾向も。そのため、重く思われてしまうのです。

♠アドバイス

慈しむような精神性の高い恋愛を、すっかり忘れている状態です。ただベタベタしていれば、良い恋愛であるというわけではありません。「最近、マンネリになってきたな」と感じたら、交際のかたちに変化を取り入れてみましょう。フリーの人は、自分磨きを怠っていることへの認識が必要。魅力的な同性から学ぶ姿勢を持ちましょう。

逆位置での結婚【惰性で取り組む婚活】

結婚への執着心は強くても、それに行動が伴いません。それは、「頑張らなくても、いつかいい人が現れてくれる」という、甘い夢を見ているからかもしれません。そのために、婚活に力が入らないのでしょう。交際中の人は、結婚へ移るタイミングをつかめず、長すぎる春になりがちに。居心地の良い関係が、災いしてしまうのです。

♠アドバイス

「結婚相手は、ありのままの自分を愛してくれる人じゃなきゃダメ」などと言って、自分を甘やかしていませんか？　確かに、素の自分を出す結婚には、そうした条件は必要です。しかしだからといって、自分磨きを怠る理由にはなりません。料理や掃除の技術磨き、仕事のスキルアップなど、努力すべきことは、たくさんあるのです。

逆位置での仕事【怠け心により成長しない仕事】

このままの流れで進んでも、仕事状況の極端な悪化はないでしょう。しかし、じわじわと低迷していく可能性は否定できません。それは、惰性で仕事に取り組む期間が長くなり、創意工夫を怠るためです。「現状で十分」という慢心が、時代に取り残される原因になるのです。無責任さから人任せになり、怠ける傾向もうかがえます。

♠アドバイス

現状がそれなりに良くても、取り組んでいる仕事内容は、時間と共に古くなっていきます。また、現状に不満を感じていたとしても、ただ文句を言っているだけでは何も変わりません。どちらにおいても、自分自身で状況を変えていく必要があるのです。滞った流れの水は、やがて腐ります。常に、新鮮な流れを取り入れてください。

逆位置での友人（人間関係）【甘えが強く寄りかかる交際】

感情に身を任せた、節操のない人間関係を表します。特に甘え心が強く、相手に多大な期待をかけて、ベッタリと寄りかかる傾向が。人から何かをしてもらうことを求め、他人のために奮起するような献身性は、全くといってよいほどないでしょう。甘やかされた幼児のような状態です。ぬるま湯から抜け出せない、狭い交際も示します。

♠アドバイス

慣れた人間関係の中では、相手の言動や心情が大体わかるため、緊張を強いられることはないでしょう。しかし、ぬるま湯の中に浸っているだけでは、精神的な成長は得られません。狭い交流範囲では、視野も世界観も広がらないのです。一度思い切って、その壁を破ってみましょう。異質な人達の輪の中に、飛び込めばよいのです。

逆位置での家庭（人間関係）【ゴタゴタが多い家庭】

家族を象徴する「ベオーク」が、家庭運において逆位置で出ると、深刻な状況を示します。親が子供の養育に無関心になったり、家族間での優しさが欠如したりと、心が通い合わなくなってしまう模様。家族の誰かが非協力的で、家庭内のトラブルが、絶えない気配もあります。家族への依存や詮索も、問題が生じる原因になるでしょう。

♠アドバイス

こうした家族間のトラブルは、家庭が閉鎖的であることが、大きな要因のようです。普段から、家族の友達を招き入れたり、親戚との交流を密にしたりと、家族間の交流の輪を、広げていきましょう。他人からのさり気ない助言が、家族関係を大きく変えることもあるのです。また、家族を信頼することが、依存や詮索を防ぐ鍵です。

逆位置での健康【自分への甘さで崩す体調】

好きな物事を我慢できないことが災いして、健康管理が困難なようです。お酒や煙草、脂分の多い料理を過度に摂取したり、夜更かしの習慣が、染みついていたりしそう。好きな習慣を我慢するくらいなら、病気になっても構わない……というスタンスなのでしょう。そのため、いつ体調を崩してもおかしくない体質になっているのです。

♠アドバイス

一時的な快楽を優先することは、真の幸福からは遠のくということを、頭の中に入れておきましょう。美食や飽食、ゴロ寝などの時間の浪費は、運気を無駄に消費しているようなものです。節食や勤勉さは、一時は苦労をしますが、真の幸福へと着実に近づけます。幸福には、健康な身体が重要であることを、忘れてはいけません。

逆位置での願い事【甘え心からの願い事】

その願い事は、叶わない可能性が高いでしょう。何故ならば、楽をしたい、怠けたいという、自堕落的な願望から生じた願い事であるためです。もし、その願い事が実現したとしたら、あなたは日々を惰性で過ごし、人間的魅力が低下していくでしょう。そうした願望を持つこと自体が、自分磨きをする必要があるという証拠なのです。

♠アドバイス

神様が喜ぶ願い事とは、自分や周りが、真の幸福をつかめる願い事です。神様は、常にあなたの精神的成長を願っていますから、怠惰を増長させる願い事を、叶えてくれるわけがないのです。それを前提に、願い事の内容を、考え直してみましょう。そして、ただ願うだけではなく、実現のために努力を重ねることも、もちろん大切です。

エオー

疾走する馬のように
敏速に展開していく物事

恋愛【急速に進展する恋】

出会いから時間をかけずに、急速に恋愛へと進展していきます。それは、出会った瞬間に運命的なものを感じたり、どちらか片方が、非常に積極的であったりするからです。早く進展する分、相手が本当に自分に合う人かどうかも早くわかるでしょう。ただしこのルーンは、迅速な進展は示しても、継続に関しては関与しません。

♠アドバイス

期待する場面での出会いの有無や、気になる人との恋愛成就に関して、素早く「イエス」か「ノー」の結果が出るでしょう。万が一、「ノー」であっても、落胆している暇はありません。すぐに、次に目を向けるという軽快さが、恋愛運を高めるのです。世界の人口の半分は異性であり、いくらでも選べるということを、覚えておきましょう。

結婚【時間をかけずに決まる結婚】

出会った瞬間、結婚するとひらめいたり、交際開始の直後にプロポーズされたりと、時間をかけず、急に結婚が決まる気配があります。周りを驚かせるような、スピード婚になるでしょう。一見、思いつきで決めたように思われるかもしれません。しかし、それぞれの結婚への覚悟や考えは固まっていますから、機は熟しているのです。

♠アドバイス

結婚したい異性がいるけれど、長いこと、相手の態度が煮え切らない……と思っているのであれば、その異性は運命の人ではないのかもしれません。「エオー」は、直感的に結婚を決断できる、もしくは別の異性が用意されていることを、教えているのです。惰性で続く腐れ縁を断ち切ることで、新たな出会いが、敏速に訪れるのでしょう。

仕事【早いペースで進む仕事】

予想以上に、仕事が早いペースで進んでいくことを暗示します。それは、大きな決断事でも即断即決できたり、予想よりも、負荷の軽い仕事だったりするからのようです。空き時間も増えるため、さらに多くの仕事をこなせるでしょう。また、停滞していた仕事が、急に動き出す気配もあります。それは、嬉しい結果を呼び込むはずです。

♠アドバイス

寸暇も無駄にすることなく、少しでも早く仕事を進めようとする姿勢が、好循環を招きます。例えば、いつもは1分間かかる仕事を、55秒でこなす意識を持つことで、小さな時間が積もりに積もり、多大な利益の獲得につながるのです。そのためには、妄想を減らして頭脳をクリアにすること、フットワークを軽くすることが有効です。

友人（人間関係）【素早い動きのある交際】

意外な人から突然連絡が入ったり、急に誰かのところへ出かけることになったりと、交際面での急激な動きがありそうです。また、知り合ったばかりの人と意気投合して、一気に親しくなれる可能性も。目まぐるしさを感じますが、そうした動きは、結果的には状況を好転させるでしょう。ただし、交際の永続性は、また別の問題です。

♠アドバイス

信頼関係を築くには、本来であれば、多大な時間を要します。しかし「エオー」は、「縁のある人は皆、善人だと思いなさい」と告げているのです。それは、今後関わる人達とは、それほど深い交際にならず、危険性が薄いためです。深く狭い交際よりも、すぐに形成できる、広く浅い交際に目を向ける方が、今は利点が多いのでしょう。

家庭（人間関係）【急な変化が生じる家庭】

人の出入りが激しいなど、動きが多く落ち着かない家庭環境を示します。家族の誰かが突然家から出ていったり、逆に誰かが、突然帰ってきたりするかもしれません。また、急に引越しが決まり、その準備に追われる可能性も考えられます。しばらくは落ち着きませんが、その急速な動きは、より明るい未来へとつながるはずです。

♠アドバイス

本来、家庭には落ち着きは必要ですが、この時期の家庭内の変化はプラスに転じますから、前向きに受け止めましょう。特に移動をする必要性はなくても、引越しを検討するのもオススメ。今よりも環境の良い場所へ、そして、ワンランク上の良い住居へと引越しをしてみてください。驚くほど、家族の運気の流れが良くなるはずです。

健康【急速に回復する健康状態】

体調に素早い変化が訪れそうです。健康体の人は、突然体調を崩す心配があると同時に、それは急速に、回復に向かうでしょう。闘病中の人も、急速に体調が軽くなり、自由に動けるようになる気配があります。また、俊敏な動きができるため、スポーツでは好成績を出せる時です。特に速さを競うものでは、優勝も夢ではありません。

アドバイス

身体の代謝が良くなっているため、運動をすることが健康作りに高い効果を与えます。ダイエットも比較的楽に成功するはず。エスカレーターを使わずに階段を上がったり、毎日ラジオ体操を行ったりと、身体を動かしてください。本格的なスポーツをするなら、マラソンや自転車競技など、スピードを競うものに挑戦しましょう。

願い事【予想以上に早く叶う願い事】

その願い事は、あなたが驚くほど、非常にスピーディーに叶う気配があります。もしかしたら、既に叶う兆しが見えているかもしれません。後はただ、待っているだけでよいのです。しかし、その願い事が叶った瞬間、あなたは手に入れた物事への興味を失う可能性があります。そしてまた、次の新たなターゲットを追い求めるでしょう。

アドバイス

その願い事が叶う土台は、既に出来上がっているようです。ですから、特に何もすることなく、静かに待っているとよいでしょう。その願い事が叶うのは、あなたの過去の努力の成果であるといえるのです。願い事が叶った瞬間、あなたの情熱は薄れるかもしれません。せめて叶った瞬間だけでも、深い感動を味わい尽くしてください。

エオーの逆位置

正位置との大きな違い

正位置の「エオー」の文字は、上部の凹んだ部分を鞍に見立て、しっかりと地に足をつけて、走っている姿でした。しかし、それが逆位置になると、足を上に伸ばし、ひっくり返っている姿になってしまいます。これでは希望する方向へ走っていくことができません。

正位置では、素早い動きが好結果をもたらすことを示しましたが、逆位置になると、素早い行動により、状況が悪化することを示します。せっかちさが、足を引っ張るのです。

逆位置での恋愛【急速に冷める恋愛感情】

片方の愛情が急激に冷めて、急速に離れていく、終わりに向かう恋愛関係を示します。せっかく交際が成立しても、永続性に欠けるのです。それはもともと真剣味が足りなかったり、恋愛成就自体が目的だったりするためです。フリーの人は、異性を追うと逃げられそうです。そして追ってくる異性は、苦手なタイプばかりなのです。

♠アドバイス

長い人生の中では、さまざまな恋愛を体験するものです。真剣な恋愛ばかりではなく、ほんの一瞬だけを共有する、短い恋が存在することも知るでしょう。それが、今の恋愛なのかもしれません。そこには何かしらの学びが隠されているはずです。後ろめたい気持ちを抱えることなく、美しい思い出として、心に残しておきましょう。

逆位置での結婚【焦って失敗する結婚】

「早く結婚しなければ」という焦りが強まり、手当たり次第に異性に声をかけるような、節操のない行動を取りがちです。異性から見ると、がっついて見えるため、敬遠されるという悪循環に。動けば動くほど、空回りしてしまうのです。追うと逃げられる傾向があることから、残念ながら、意中の異性との結婚は難しいといえます。

♠アドバイス

「何のために結婚するのか」ということを、再度考え直してみましょう。それは、友達との競争でもなければ、世間体を取り繕うためでもありません。自分と愛する人が、幸福になるためにするものです。今はまだ、時期尚早なのかもしれません。心から信頼できる異性が現れた時に、ようやく結婚へと進むことができるでしょう。

逆位置での仕事【急なハプニングによる変更】

事業計画とは違う方向へと状況が進み、焦りを感じる気配があります。その動きは素早いですから、望む方向への軌道修正は難しい模様。また、思わぬハプニングが生じ、それによって方向転換を余儀なくされる可能性もあります。そのため、予想外の損害を被るかもしれません。先へ先へと急ぐ姿勢が、そうした問題を招くようです。

♠アドバイス

仕事上のハプニングが生じる原因は、それよりかなり前にあるはずです。例えば、取引先や顧客の希望を十分聞かずに、話を進めたことであったり、細かい数字の確認作業を、怠ったりしたことかもしれません。目先を急ぎすぎるために、大事なことを見落としてしまうのです。スピードよりも、正確性や質の良さを重視してください。

逆位置での友人（人間関係）【その場限りの一時的な交際】

先へとつなげることができない、一時的な交際を示します。出会って意気投合しても、その後の連絡はさっぱり……という状態に。それは、共通点が少なかったり、相手に親しくする気が欠けていたりするからのようです。また、既に親しい人が、離れていくことも暗示します。お互いの環境や価値観の違いが、そうさせるのでしょう。

♠アドバイス

「袖振り合うも、他生の縁」という故事がありますが、たとえ一時的な交際であっても、そこには深い縁が存在します。長続きしない交際が増える時ではありますが、「一期一会」という言葉を胸に、すべての人に対して、親切丁寧に接しましょう。その後の交際は途絶えたとしても、心の中には永遠に残る可能性があるのです。

逆位置での家庭（人間関係）【予想外の家族の行動】

予想外の出来事が生じ、困惑する気配があります。特に、家族の誰かが突然出ていくなど、突拍子もない行動に出る可能性が。そうした急激な変動は、家族の心を沈ませたり、寂しがらせたりするでしょう。また、家庭内の計画進行が頓挫し、方向性の変更を余儀なくされそうです。それにより、家族の行動の幅が狭まるでしょう。

♠アドバイス

血縁関係である家族は、常に一体感を持つべきであると感じるかもしれません。しかし、家族であっても自分とは違う別個の人間である以上、相手の自由を束縛することはできません。それ故に、家庭内でどのような出来事が生じるのかは、予測がつかないものなのです。家庭内での将来の計画に固執せず、臨機応変に対応しましょう。

逆位置での健康【急速に悪化する健康状態】

普段は健康であっても、急速に体調が悪くなる可能性があるので、油断は禁物です。しかし、あくまでも軽い症状であり、大病にまでは至らないでしょう。例えば、食あたりや風邪による発熱など、一過性の症状が考えられます。過活動による疲れが、一因といえそうです。一度悪化しても、予想以上に速く回復するでしょう。

♠アドバイス

突然訪れたように見える体調の悪化も、それよりかなり前に、何かしらの予兆があったはずです。免疫力の低下が要因ですから、身体の悲鳴を無視して、無理な生活を重ねてきたのかもしれません。体調の悪化の速度は急速であるため、少しでもおかしいなと思ったら、我慢して頑張るのは避け、心身を休めるように心がけましょう。

逆位置での願い事【叶う前に興味を失う願い事】

その願い事は、叶う可能性は低いようです。それは、その願い事が叶う前に、あなたの関心が薄れてしまうからの様子。その願い事にそれほど強い執着心を持っていないため、努力を重ねることもしないのでしょう。しばらくすれば、その願い事をすっかり忘れ、また新たな願い事を心に秘める……という状況になりやすいのです。

♠アドバイス

ふと浮かんでも、1時間後にはすっかり忘れてしまうような願いは、願い事とはいえません。今のあなたは、自分の現状が、頭の中で整理されていないのかもしれません。そのために、今の自分にとって本当に必要なものが、見えていないのです。願い事を掲げる前に、まずは無駄な物事を削ぎ落とし、気持ちを整理する必要があります。

マン

現実的メリットを与え合い
協力し合う人間関係

恋愛【助け合う誠実な恋愛】

お互いに相手を尊重し、手を取り合って協力し合える、誠意のある恋愛関係を表します。相手を異性としてより、「同じ人間」として見る意識が強いでしょう。そのため、甘くロマンチックな雰囲気には欠けますが、簡単に揺らぐことのない、真の信頼が根づいているのです。何かの共同作業を通して、恋が芽生える暗示もあります。

♠アドバイス

「マン」は、確固たる信頼感の上に、恋愛が成り立つと告げています。ですから、早く恋人が欲しい人は、合コンやナンパに期待しても、徒労で終わってしまうのです。仕事関係者や同級生など、既に信頼関係が出来上がっている異性に、視線を向けましょう。交際中であれば、相手を対等な人間として接することで、絆が強まります。

結婚【歩調を合わせて支え合う結婚】

良いパートナーシップを象徴する「マン」が、結婚で出ると、かなり幸運度が高いといえます。尊敬し合い、足りない部分を補い合える相手と、生涯変わらぬ愛を誓い合えるでしょう。そこには、激しい衝動や燃えるような情熱は、存在しないかもしれません。それでも、「この人にならついていける」と、心の底から思えるのです。

アドバイス

このルーンは、理想的な異性との結婚を約束しています。ですから、そのまま進んでいけば問題ないでしょう。特に、交際が長く続いているカップルには、年貢の納め時が訪れます。結婚後の生活については、お互いの意見を、よくすり合わせてください。フリーの人は、信頼する人からの紹介やお見合い話に、良縁がありますす。

仕事【周囲と協力し合う仕事】

取引先や顧客との間に、持ちつ持たれつの良質な関係を築き、長く安定した仕事状況を得られるでしょう。仕事に対する誠意や意欲が認められて、安心できる良いポジションを与えられる可能性も。特に仕事上のパートナーに恵まれますから、二人で組む事業には、大きな幸運があります。良い人間関係が、好影響を与えるのです。

アドバイス

あなたには、人一倍優れた判断力や決断力、実行力や推進力が備わっていることでしょう。そのため、仕事が滞りなく進むといえます。しかし、どのような仕事であっても、たった一人ですべてをやり遂げることは不可能です。見えない部分で、あなたの仕事を支える人が存在します。それを肝に銘じ、感謝する心を忘れてはいけません。

友人（人間関係）【必要とし合う誠実な関係】

どのような時でも協力し合える、強固な信頼関係を示します。それは、遊びや噂話に興じて笑い合うような関係ではなく、力を合わせて何かを築くような、建設的な関係であるといえます。上下や優劣もなく、対等の立場であることを、強く認識し合えるでしょう。お互いにとって同じ度合いで、相手を必要な存在だと思えるのです。

♠アドバイス

このまま進んでも、十分に良い人間関係を築けます。しかし人間は、自分と同じレベルの人と引き合うということを思い出してみましょう。さらに良い関係を求めたいのであれば、自分の内面を磨く必要があります。特に、特定の技能や知識を磨いてください。自分が高まることにより、高いレベルの人が、交際相手となるのです。

家庭（人間関係）【協調性の高い家族関係】

家族としっかり向き合い、誰かが困った時には、手を差し伸べることを惜しまない、協力的な家族体制を形成できます。特に、金銭的な問題への、解決能力は優れているはずです。具体的な知識を提供するなど、合理的な視点から、家族間での援助をはかれるでしょう。普段はわからなくても、問題発生時に、その体制が活かされます。

♠アドバイス

家族に対して、合理的な視点からの物質的な援助は、問題なく行えるでしょう。しかし、家族にとっては、物質的側面からの支え以上に、精神的な支えが重要になります。例えば、特に用事がなくても、遠くに住む家族に電話をかけて、雑談するなど……。相手のために無駄な時間を割くことも、精神的な支えになるには必要なのです。

健康【健康管理による頑健な身体】

少々の疲れや細菌では、健康状態が揺るがない、頑健な身体で過ごせそうです。それは、日頃からの良質な健康管理の、賜物であるといえるでしょう。特に、規則正しい生活を送っていたり、嗜好品の摂取量を管理していたりすることが、功を奏する模様。身近にいる健康管理能力に優れた人から、好影響を受けているのかもしれません。

♠アドバイス

基礎体力ができているため、大きな心配は無用の状態です。しかし、体力を過信して、無理を重ねることは禁物。体力があるといっても、やはり人間ですから、どうしても限界はあるのです。少しでも限界値を超えると、バッタリと倒れてしまう可能性も否定できません。頑張り屋のあなたですが、休息の重要性を覚えてください。

願い事【協力者により叶えられる願い事】

願い事が叶う可能性は、高いといえそうです。その願い事は決して自分のためだけではなく、他の誰かの幸福も含まれているのでしょう。そのため、願いが天に通じやすいのです。そして自分の努力だけではなく、周りの人達の協力を得て、叶えることができるでしょう。願い事の実現を通して、周りとの絆も強まるのです。

♠アドバイス

その願い事は、自分だけの力で叶えることは、非常に困難なようです。本気で叶えたいのであれば、実現させるために、誰のどのような力が必要なのかを分析して、書き出してみましょう。そして、必要だと思う人達に、その願い事を伝えてください。羞恥心《しゅうちしん》や拒否される恐怖とは裏腹に、多くの人達が喜んで協力してくれるはずです。

マンの逆位置

正位置との大きな違い

「マン」の文字の形は、二人の人間が手を取り合っていたり、肩を組んでいたりする姿をイメージさせます。左右対称であることから、まさに対等の関係であることがわかります。

それが逆位置になると、手を取り合ったまま、地に落ちていく姿に変わります。人と協力し合うことで、精神的・物理的な負担を感じるようになるのです。したがって、協力体制に抵抗を覚え、人と向き合うことを避けて、孤立の道を選ぶことになるのです。

逆位置での恋愛【友達止まりになる恋】

異性から、一人の人間としては認めてもらえるものの、恋愛対象からは外されがちです。それは対等という意識が強く、恋愛感情が芽生えにくいためです。それと同時に、わかり合えない恋愛関係も示します。二人の価値観に距離があり、話題や趣味趣向が噛み合いにくいのです。一人でいる方が楽だと感じてしまうでしょう。

♠アドバイス

無理な恋をしていないか、振り返ってみましょう。自分とは異質な人とつき合うことで、新しい世界観が広がるなど、メリットは期待できるでしょう。しかし、常に自分を抑え、好きでもない趣味を好きと言い、ひたすら相手に合わせることは、決して実になるとはいえません。自分を騙すことは、相手を騙すことにもつながるのです。

逆位置での結婚【価値観の違いが結婚を阻む】

二人の人間が地に落ちていく形の「マン」逆位置は、結婚では、かなりネガティブな意味になります。二人の結婚観が違いすぎるため、生涯を共にすることは、非常に厳しいでしょう。フリーなら、自分のお眼鏡に適った、人生観の合う異性とは、なかなか巡り合えないようです。それにより、結婚願望が薄くなる気配もあります。

♠アドバイス

結婚相手だからといって、必ずしも一体感が必要なわけではありません。夫婦になっても、お互いに違う考えを持つ、別個の人間であることに、変わりないのです。今のあなたは、理想の夫婦像を求めすぎているのかもしれません。価値観の違う相手を選び、適度に距離を置いた結婚生活を営む……という選択肢も、存在しているのです。

逆位置での仕事【孤立して取り組む仕事】

人間関係の構築力の低さが、仕事に悪影響を与えます。自己主張の強さが、ワンマンであると評価され、周囲からの協力を得られなくなりがちに。集団から離れて孤立しつつ、仕事に取り組むことになる可能性も。孤独感を味わいながら取り組む仕事では、満足できる成果を出せないでしょう。困っても、助けてくれる人もいないのです。

♠アドバイス

すぐに良い人間関係を構築しようとしても、それは難しい問題であるといえます。今のあなたに無理なくできることは、「自分の能力を磨くこと」。例えば、仕事に役立つ資格取得を目指してもよいですし、苦手な仕事の訓練を、人知れず行ってもよいでしょう。高い能力があれば、自然と周りから必要とされる存在になれるのです。

逆位置での友人（人間関係）【人から離れて孤立する】

信頼関係を示す「マン」が対人関係で逆位置で出ると、望ましくない状況が訪れることを、覚悟しなければなりません。特に、大切だと思っている人と、仲違いをする心配があります。それは、意見の食い違いが発端となりそうです。それ以外の人達とも、意気投合が困難な様子。あなたのワガママ度が高いことが、その要因です。

♠アドバイス

周囲に妥協せずに意志を押し通すことと、周囲と波風を立てずに仲良くやっていくこととは、両立することが困難です。今のあなたは前者の姿勢で、人と接しているのでしょう。そのため、どうしても波風が立つのです。妥協ではなく、譲歩を意識してみましょう。人の考えを受け入れることも、自分の意志の一つなのです。

逆位置での家庭（人間関係）【わかり合えない家族関係】

家族それぞれの意志がバラバラで、家族全員が、家庭内で孤立しているかのようです。あなた自身も、家庭で本音を出すことができず、家族といても、深い孤独感を味わいがちに。実際に、家族の誰もが、あなたの気持ちを理解していないのかもしれません。特に、一人暮らし中の人は接点を持てずに、家族と疎遠になりがちです。

♠アドバイス

本来であれば、家族が一番の理解者であるべきです。自分から背を向けているのであれば、順調な人生には家族の協力が必要であるということを、頭に入れておきましょう。家族との良い関係の構築が困難であれば、外の世界に目を向けましょう。小さなサークル内や同期の人達との間で、家庭的な交際をすることが可能です。

逆位置での健康【不摂生により崩す体調】

不摂生による、虚弱な体質を示しています。普段から栄養バランスが偏っていたり、足腰を鍛える運動を怠っていたりと、自らひ弱な体質へと、向かってしまっている模様。特に、栄養素が足りないために生じる貧血や、筋力不足のために陥る過労には、注意してください。夏バテや冷えなど、過酷な気温状況にも、耐えにくいようです。

♠アドバイス

「自分なんて」という自虐的な意識が、不摂生を招いている可能性があります。健康面でも自信がなく、自分は虚弱であるという意識が、固着しているのかもしれません。また、身体を疎かに扱うことで、周りの気を引こうとしている面もあります。まずは、自信をつけることが先決。楽しみながら、得意な趣味を頑張ってみましょう。

逆位置での願い事【協力を得られず叶わない願い事】

抱えている願い事は、残念ながら叶いにくいようです。それは、その願い事が、自分一人の幸福を願う内容であるからといえそうです。それを叶えるために、あなたは一人で頑張ることでしょう。しかし、周囲の協力をほとんど得られないために、叶えられないのです。忍耐力にも欠けますから、すぐに投げ出す可能性もあります。

♠アドバイス

その願い事を叶えるためには、複数の人達からの協力が必要でしょう。ですから、少しでも力を貸してくれそうな人達と、上手に交際していくことが大切。勇気を出して、ストレートに協力を要請するのもオススメです。万が一、冷たく断られてしまったとしても、自分から働きかけることができたという、ほのかな自信が生まれるのです。

ラーグ

豊かな情緒と感受性による
繊細な心の動き

恋愛【繊細でセンチメンタルな恋】

憧れと恋愛感情が混同したような、センチメンタルで繊細な恋愛を示します。好きな異性への想いを、密かに心の中で温め、遠くから切なく見守るような恋愛になるでしょう。情に流されやすい分、異性からの強い押しにも、簡単になびいてしまう傾向が。情が豊かでも、姿勢は受け身で、一人で空想に耽けることも多いのでしょう。

♠アドバイス

一人になると、つい恋愛のことを、ああでもないこうでもない……と、考え込んでしまうのではないでしょうか。しかし真実は、実際に自分の目で見るか、相手に確認しなければ、わからないのです。空想に耽けるのは楽しく、心を幸福にするでしょう。しかし、一人でもんもんと悩み続けることには意味がなく、時間が無駄なだけなのです。

結婚【結婚への憧れが募る状態】

理想の結婚への憧れが募りますが、なかなか行動を起こせないようです。交際中であれば、結婚願望を心に秘めながらも、相手からプロポーズしてくれるのを、ジッと待つだけになりがちです。フリーであれば、理想の王子様の登場に、胸を躍らせているかもしれません。そのため夢ばかりが膨らみ、現実は変わらない状況なのです。

♠アドバイス

結婚は夢物語でも、人生の素晴らしいゴールでもありません。現実的な生活のスタートであると、しっかり心得ておきましょう。お互いの情熱は、結婚式の時がピークであり、時間の経過と共に、冷めていくものです。また、結婚を実現するためには、結婚願望があることを言葉で伝えることが、成就への単純で最大の近道です。

仕事【周囲に合わせて進める仕事】

合理的・客観的な思考が必要な仕事において、情緒豊かな「ラーグ」が出ると、少々手こずることになります。感情に流され、時間を守れなかったり、小さな批判に傷ついたりしそうです。受け身なため、与えられた仕事をこなすだけになる傾向もあります。芸術方面など、感性や創造力を活かせる職種では、才能を発揮できるでしょう。

♠アドバイス

仕事の内容が、合理性を要するものであるほど、豊かな感情は障害になってしまいます。日頃から、感情のコントロールを心がけましょう。仕事中は妄想することなく、こなしている仕事だけに、意識を集中させることです。特にネガティブな思考は、すぐに頭から追い払って。練習を繰り返せば、たやすくできるようになります。

友人（人間関係）【共感と理解を持てる交際】

優しく繊細な情で結ばれた、穏やかな交友関係を築けます。お互いに相手のことを思いやったり心配したりと、常に優しさと気遣いを持てるでしょう。相手の状況や心情に、共感と理解を示すことができるのです。それほど優しいあなたは、多くの人から好かれるはず。あなたを温かく見守っている人は、意外に多いのです。

♠アドバイス

感受性が強くて受け身ですから、関わる人から多大な影響を受けるでしょう。ですから、交際する人には極力、心根の良い人を選んでください。接近してくる人の中には、鋭い言葉で傷つけたり、利用目的だったりする人が含まれています。断れない優しいあなたですが、そうした人達からの誘いには、毅然とした態度を取りましょう。

家庭（人間関係）【優しい家族愛が流れる家庭】

優しい愛情に包まれた、温かい家庭を表します。それと同時に、あなた自身が家族に対して、繊細で傷つきやすい感情を持っている可能性も。家庭内での評価を気にしているなど、家族の言動に一喜一憂しやすいのかもしれません。家族間での話題は、日常の愚痴や悩み事が中心になりそうです。それにより、心が癒されるのです。

♠アドバイス

あなたが心配しているほど、家族はあなたにネガティブな感情を持っていなければ、あなたの言動を細かく気にすることもありません。あなたの方が、家族に対して必要以上にセンシティブになりすぎているのです。家族は優しく穏やかな感情を持っていますから、悩み事を相談すれば、親身になって乗ってくれるはずです。

健康【節食による健康の維持】

健康管理に気を配らなくても、極度に体調を崩すことはなさそうです。それは、普段から無理のない生活を送っているからの様子。特に、食生活に関しては、ドカ食いやジャンクフードを避け、自然と健康に良い食べ物を選んでいることでしょう。また、きれいな水を多く摂っていることも、健康に好影響を与えているようです。

♠アドバイス

健康状態は悪くありませんから、現状を維持すれば、問題はないでしょう。ただし、難点を挙げるとすれば、体力に欠ける点であるといえます。普段からハードな運動をする機会が少なく、スタミナ不足なのかもしれません。対策としては、肉食を増やすことが挙げられます。それにより、エネルギッシュな体質になれるでしょう。

願い事【純粋で繊細な願い事】

少々時間がかかったり、予想以上の努力を要したりしますが、その願い事が叶う可能性はあるといえます。それは、その願いを大切に温めているあなたの心が、純粋かつ繊細であるためです。神様は、そんなあなたを、つい応援したくなるのでしょう。ただし、あなたが途中で諦めてしまい、実現が消える可能性も否定できません。

♠アドバイス

願い事の実現には、自信は持てないかもしれません。しかし、あなたの本気度は高いようです。そして、その願い事が叶う確率は、「叶うと信じる度合い」に比例しているのです。ですから、「叶ったらいいな」と憧れる程度ではなく、「絶対に叶う」と信じてください。叶った様子を強くイメージすることでも、高い効果を得られます。

ラーグの逆位置

正位置との大きな違い

正位置では、繊細な情や感受性が、良い流れを呼び込むことを示しました。しかし逆位置になると、豊かな感情を調整できない、依存的な状態になってしまいます。

正位置の文字では、半分になった矢印が上を指し、感情が良いかたちで働くことを表しています。しかし逆位置では矢印が下を指し、感情の動きが状況が悪化させることを表します。感情は、よく水に例えられます。逆位置では滝のように、どこまでも落下してしまうのです。

逆位置での恋愛【寂しさによる恋愛依存の状態】

相手の幸せには無頓着で、自分の寂しさを埋めるために、恋愛を求める傾向があります。そのため、簡単に手に入る異性で妥協したり、複数の異性と関係を持ったりしがちに。常に誰かとつながっていなければ、孤独と心細さを感じるのでしょう。恋愛中は、すっかり相手に寄りかかります。そのため、重く思われることも多いでしょう。

♠アドバイス

人間は、誰もが自分を一番可愛いと思っています。あなた自身もそうでしょうし、恋愛として気になる異性も、例外ではありません。一方的に甘える恋愛が、上手くいかないことが多いのは、相手にとってのメリットが少ないためです。ただ素直な感情をぶつければよいというわけではありません。お互いに益のある交際を目指しましょう。

逆位置での結婚【甘えるために求める結婚】

結婚願望が募りますが、その根底には、「甘えられる人が欲しい」という我欲が存在しているようです。感情に流され、現実的思考が疎かですから、結婚後の財政計画などには、無関心でしょう。甘えられるのであれば、相手は誰でもよいと思うのかもしれません。そうした姿勢が異性を遠のかせ、なかなか結婚が決まらないようです。

♠アドバイス

結婚は、二人で新しい生活を築くための、精神的な負荷が生じます。結婚相手も、家庭という大きな荷物を、背負わなければなりません。その荷物を分け合う行為が結婚なのです。ですから、ただ寄りかかって甘えてくる異性は、結婚の候補から外されるのは当然です。頼り甲斐のある異性が選ばれるということを、心得ておきましょう。

逆位置での仕事【責任感に欠ける仕事振り】

仕事という理性が必要な場面でも、感情を抑制できず、甘えたい気持ちが湧き上がってきます。難しい仕事の依頼を渋ったり、締切通りに完成させられなかったりという責任感やヤル気のなさが、仕事を停滞させる模様。職場で泣いたり怒ったりと子供のような言動を取り、周囲を呆れさせるかもしれません。性を売る職種も示します。

♠アドバイス

今までは、誰かに甘えた態度を取ることで、仕事も上手く乗り切ってきたのかもしれません。しかし、年齢を重ねるごとに、そうした態度は、相手を動かさなくなっていきます。それどころか、足手まといの扱いをされるでしょう。自立心を養うには、長い時間を要します。まずは仕事の能力を磨き、自分の足で立つことを目指しましょう。

逆位置での友人（人間関係）【甘えて寄りかかる関係】

何を決めるにも人任せにするなど、無責任な人間関係を示します。自分もしくは相手が、相手の都合にお構いなしに長電話をしたり、自分の愚痴ばかりを延々と話したりと、一方的に寄りかかる交際になりそうです。寂しさを埋めるために、相手を利用するるのです。そうした関係から、新たな学びや精神的な成長は得られないでしょう。

♠アドバイス

対等ではなく、片方が寄りかかり、もう片方が尽くす状態になった時に、交際のバランスは大きく崩れます。そうした交際を長続きさせることは困難です。もし、あなたが甘えている側であれば、相手は確実に、この交際に嫌悪感を持つと覚えておきましょう。尽くす側であれば、拒否することは正当防衛であると知ることです。

逆位置での家庭（人間関係）【家族への無責任感や依存心】

自分の家庭内での役割に手抜きをして、家族に依存しがちです。主婦であれば、家事をそこそこに趣味や仕事に明け暮れ、いい年齢の子供であれば、パラサイト・シングルとして、親から金銭を吸い取る生活を送るような状態です。感情的な依存も強く、家庭が愚痴や文句などネガティブな感情を吐き出す場所になっているようです。

♠アドバイス

家庭の中で感情を吐き出すことは、一見、家族の絆が強いと感じますが、決してそうではありません。家族それぞれが、自分のことしか考えていないためです。一人のワガママが、別の人のワガママを呼び、家族の気持ちがバラバラになってしまうのです。自分の寂しさや不満を思う前に、家族の気持ちに思いを馳せてみてください。

逆位置での健康【感情に左右される健康状態】

常に自分の感情の動きに気持ちが向いているため、健康管理には、無頓着になりがちです。落ち込んでいる時には、食事を全く摂らなかったり、寂しさを紛らわせるために、お酒をがぶ飲みしたりと、感情の動きにより、健康状態が大きく左右されるでしょう。特に、アルコール依存や鎮痛剤の依存など、依存症には要注意です。

♠アドバイス

心の健康が、そのまま身体の健康につながりますから、心の充足を意識しましょう。飲食以外での楽しいと感じる趣味や遊びを、一つでも多く作ることがオススメ。特に、スポーツで身体を動かすことが、気分を爽快にさせることに役立ちます。一人でもんもんと考え込む時間を減らし、身体を動かし、瞳を輝かせる時間を増やしましょう。

逆位置での願い事【気分で変わる願い事】

今のあなたが抱える願い事は、叶いにくいようです。それは感情の起伏が激しくなっているため、その場その場で願い事の内容が、コロコロ変わってしまうからです。思いつきだけで、安直に考えているのかもしれません。内容に一貫性と永続性がありませんから、願い事を叶えるために、頑張り続けることもできないのでしょう。

♠アドバイス

願い事は何だかたくさんあるけれど、どれが重要なのかがわからない……と思う時は、心が乾燥している可能性があります。今のあなたに最も必要なのは、愛情と感動です。まずは、小さな感動体験を、数多く重ねましょう。泣ける映画を観たり、美しい自然の景色を見に行ったりしてください。そこから、愛も生まれるはずです。

イング

過去の行いが豊かに実り
理想的なかたちを得られる

恋愛【満足感と幸福感を伴う恋】

心から満足できる、幸福な恋愛が訪れます。それは長く片想いをしていた異性と、両想いになれることであったり、愛し愛されることを実感できる、実りの多い交際であったりするでしょう。今まで頑張ってきたことが、理想のかたちになったことを、心から実感できるのです。人生の中で深く心に刻まれる、幸福な恋になるはずです。

♠アドバイス

あなたは既に、恋愛に対して、多大な努力を重ねてきたはずです。ですから、後は無理をすることなく、自然体で過ごしましょう。そして、恋愛状況が実っていくのを、静かに見守ってください。幸福な状況が訪れたら、それはあなたの努力による成果なのです。遠慮することなく、深い感動と喜びを、しっかりと噛み締めましょう。

結婚【豊かな愛があふれる結婚】

豊かな愛情と幸福に包まれた、理想の結婚ができることを示します。心から愛し合える異性と生涯を誓い合い、至福を味わうことができるでしょう。その異性は、経済的にも精神的にも豊かな人物で、あなたの幸福な結婚生活は、保障されています。頑張って独身生活を送ってきたあなたへの、イング神からの贈り物かもしれません。

♠アドバイス

豊かな結婚は約束されていますから、無理に動き回ることなく、静かに運命の時が訪れるのを待ちましょう。豊さには、目に見える経済面での豊かさと、目に見えない精神面での豊かさがありますが、結婚においては、精神面での豊かさを重視してください。結婚相手を募集中の人は、毎日を豊かに楽しんでいる異性に注目して。

仕事【目標達成による満足感】

仕事の大きな目標を達成するなど、深い満足感を味わうことができます。そしてそれは、自分だけの満足にとどまることなく、仕事仲間全体の満足、ひいては、社会全体に与える満足感をも示すのです。その仕事はそれだけ、社会的にも有意義だということです。そして、次にまた良い仕事を呼び込むという、好循環へと促すでしょう。

♠アドバイス

ようやく、過去の頑張りが実る瞬間が訪れます。進んでいる方向も正しいので、決して迷ったり、不安に感じたりすることなく、そのまま足を止めずに前進を続けましょう。そして満足や喜びを感じる時が訪れたら、それを周りにいる少しでも多くの人達に、分け与えてください。分ければ分けるほど、豊かさや幸福は増えるのです。

友人（人間関係）【与え合える豊かな関係】

豊かな友情を持ち合い、思いやりを分かち合える、寛容で充実した交際を築ける時です。お互いに相手の人間性や価値観を認め合い、常に朗らかな気持ちで会話やレジャーを楽しめるでしょう。相手が困っていたら、手を差し伸べて助け合い、励まし合うこともできます。そうした豊かな交際は、自然と広がっていくはずです。

♠アドバイス

心が開放されていて、多くの人達に愛情を分け与えられるでしょう。ですから、自分から積極的に、多くの人達との関わりを持ってみましょう。与えられることが必要な人達がいる、福祉関係の施設に出向くこともオススメです。心を開くと傷つけられるのでは……と恐れる必要はありません。出した愛情は、同じ量だけ戻ってくるのです。

家庭（人間関係）【愛情と豊かさに満ちた家庭】

深い家族愛と心からの幸福感に包まれた、豊かな家庭を示します。家族それぞれが家族全員を尊敬し合い、家族のためを思って、行動を起こすことができるでしょう。優しさが優しさを呼び、家庭が温かく朗らかなムードに包まれるのです。それぞれの友人知人も紹介し合い、家族ぐるみのにぎやかな交際も、満喫できるはずです。

♠アドバイス

家族の状態は、非常に良い方向へと進んでいますから、そのままでいれば問題ないでしょう。できれば家族に思いやりや感謝の気持ちを、かたちや行動で表現することがオススメ。家族の誕生日や何かの記念日には、欲しがっている物をプレゼントしたり、家族の誰かが疲れていたら、優しくマッサージしたりしてください。

健康【深く満足できる健康状態】

豊かなエネルギーが体内に存在し、体力と気力に恵まれます。忙しくてハードな日々でも、明るく元気に乗り越えることができるでしょう。今まで健康作りや闘病生活、ダイエットに励み続けてきた人は、ようやくそれが、良いかたちとして実っていくことを実感するはず。理想の健康状態を入手して、深い満足感を得られるのです。

♠アドバイス

良い健康状態を獲得できますが、さらに上を目指してみましょう。精神面をパワーアップさせることが、体力の上昇につながります。ですから、日頃からネガティブな思考を抱えるのを避け、楽しいこと、嬉しいことに、意識を向けるように心がけましょう。気持ちが沈んだら、好きな音楽や美しい景色に触れて、気分を高めてください。

願い事【理想のかたちで叶う願い事】

大きな幸運の波に乗っていますから、願い事が叶う可能性は、非常に高いようです。あなたは今まで、その願い事の実現のために、多大な尽力をしてきたのではないでしょうか。その努力が、ようやく実る時期にきたのです。また、多くの人が、その願い事について応援してくれているため、さらに叶う確率が高まっているのでしょう。

♠アドバイス

願い事は、きっと叶います。しかしそれは、決して自分一人の力によるものではありません。願い事が叶ったら、優越感を持つだけではなく、周りの人達への感謝やお礼を忘れないでください。神社仏閣で願い事を伝えて叶ったのであれば、きちんとお礼参りをすることも忘れずに。そうした心がけが、幸運を長続きさせるのです。

オセル

伝統や規則、義務を重んじる
常識的な行動

恋愛【礼儀正しい真面目な恋】

結婚を前提で交際するような、きちんとした真面目な恋愛を示します。恋人同士であっても、相手に失礼のないように礼儀正しく振る舞い、連絡やデートは、決まった日時に定期的に行うという、型にはまった交際パターンになるでしょう。フリーの人は、信頼できる人からの紹介に、良縁があるはず。真面目な異性と縁があります。

♠アドバイス

古風な人物であることを強調することで、恋愛が順調に進むと「オセル」は伝えています。例えば、家族が厳しく門限があることを伝えたり、異性との交際経験がほとんどないことをアピールしたりするとよいでしょう。女性であれば大和撫子、男性であれば九州男児といったところです。交際相手にも、古風な人物を選びましょう。

結婚【伝統を重んじる結婚】

土台や基盤を固める力を持つ「オセル」が結婚で出ると、堅実な結婚の成功が期待できます。真面目な異性から、誠意のあるプロポーズを受けるでしょう。そして両家の顔合わせをして、正式に結納を交わし、結婚式は伝統的な神前式スタイル……といった具合に。フリーであれば、お見合いや結婚紹介所で、良縁をつかめます。

♠アドバイス

ただ自然の流れに任せるだけでは、現状を動かすことは困難です。結婚成就にたどり着くためには、きちんと段取りを踏むことを意識しましょう。現在、交際中であれば、正式にプロポーズをして、相手の意志を確認して。フリーであれば、恋愛の交際相手は、結婚前提で選ぶべきです。軽い異性に引っかかっては、結婚は遠のきます。

仕事【規則に忠実な仕事振り】

規則正しく動く精密機器のように、規則や時間に忠実で、安定した仕事振りを発揮できます。派手に目立つような場面はありませんが、その堅実で誠実な仕事振りは、周囲に安心感と信頼を与えるでしょう。変化の少ないルーチンワークが続いても、飽きることなく、充実感を持って働けるはず。収入額も変動が少なく、安定しています。

♠アドバイス

踏み固められた土のように、どっしりと腰を落ち着け、1カ所で長く勤め続けること……。そのような「オセル」が持つ姿勢を踏襲することで、仕事運は上昇します。右肩上がりの線は、非常に緩やかでしょう。それでも決して下がることはないのです。公務員など規則正しい職種、不動産業など土地に関する職種に、幸運があります。

友人（人間関係）【細く長く続く信頼関係】

長い期間をかけて安定して続く、誠実な交際を示します。飲んで騒いだりするような華やかさはなく、連絡を取り合う回数も、年に数回程度と、非常に少ないかもしれません。それでも、お互いを取り巻く長い年月が、少々のことでは崩れない、確固たる信頼関係を築いているのです。師弟関係など、礼儀が必要な関係も示します。

♠アドバイス

今のあなたは、仕事や地域の会合などの義務的な出来事を通して、人間関係を築く場面が多いかもしれません。そうした関係は、非常に大切であるといえます。しかし、もう少し肩の力を抜ける関係も、同時に形成するように努めましょう。そうした関係の中でこそ、少々欠点のある、ありのままの自分の姿を見せることができるのです。

家庭（人間関係）【伝統や先祖を守る家族】

お盆のお墓参りや節句祝いなど、季節の行事をきちんとこなすような、義理堅い家族を示します。仏壇を祀《まつ》っているなど、ご先祖の供養も怠らないことでしょう。日本の伝統的な家族像が、そのまま実体化しているかのようです。経済観念も、しっかりしているはず。しかし、形式的な物事を重視し、心の交流は軽視しがちのようです。

♠アドバイス

「挨拶はしっかり行う」や「時間厳守」など、家庭の中をきちんとしようとする姿勢は、評価に値します。しかし、それに強くこだわると、家庭の中でも神経を休めることができません。家庭は本来、安らぎの場であるはずです。主婦であれば、ときには掃除を怠ってみてもよいでしょう。ストレスを溜めないことを優先してください。

健康【綿密で万全な健康管理】

「オセル」の象徴である物質には、人間の肉体も含まれます。ですから、安定した良い健康状態を強調しています。日頃から規則正しい生活を送り、良質な食べ物を摂り入れ、適度に運動をするという、健康作りに理想的な生活が、功を奏するのでしょう。基盤がしっかりしているため、少々体調を崩しても、すぐに回復できるのです。

♠アドバイス

あえて助言をしなくても、健康管理には、十分気を配っていることでしょう。しかし、「過ぎたるは、なお及ばざるが如し」という言葉のように、極度に神経質になると、逆効果になる心配があります。少々ジャンクフードを食べたり、たまに飲みすぎたりしても、それほど影響はありません。大らかな精神も、健康に必要なのです。

願い事【着実に実現する願い事】

時間はかかりますが、抱えている願い事はいずれ叶うでしょう。あなたは決して他力本願になることなく、地道に自助努力を重ね続けていくはずです。願い事が実現に近づいていくのは、非常に緩やかなペースでしょう。それでも、途中で願い事を変えるようなこともなく、最後まで根気良く頑張り続け、結果的には叶えられるのです。

♠アドバイス

最後まで諦めず、投げ出さないで求め続けることが、この願い事を叶える、唯一の方法です。そのためには、願い事が実現する様子を視点に置くのではなく、叶えるために努力をする過程に視点を置き、それを楽しむように心がけましょう。その途中で、願い事が何であったのかを忘れてしまうくらいの方が、長く続けられるのです。

オセルの逆位置

正位置との大きな違い

正位置では、規則や伝統を守る忠実さを示しましたが、逆位置になると、それが過剰になって人に厳しくなったり、逆に、規則や常識に反発したりするようになったりします。

神秘思想では、四角形は規律や物質を示します。正位置では、規律や物質を示す四角形を、二つの足がしっかりと支えていました。それが逆位置になると、支えていた足が外れて、四角形が地に落ちてしまいます。堅実に守ることを拒み、反抗的になる状態を示すのです。

逆位置での恋愛【反発心や批判精神が強い恋】

視野が狭く、閉鎖的な生活を送っているため、新鮮な出会いに恵まれないようです。交際中であれば、相手への反発心や批判精神が募り、素直に愛情を示せない様子。会話の内容も、文句や愚痴が中心になるかもしれません。相手を愛することより、自分の理想通りに正すことが目的となり、異性に厳しい態度を取ってしまうのです。

♠アドバイス

相手の長所より、欠点の方ばかりが目につくのであれば、既にそれは、愛とはいえないかもしれません。距離が近すぎることが災いして、強い批判精神を持つのでしょう。人間の表面的な行動は変えられても、本質は、そう簡単には変わらないのです。フリーであれば、モテる同性から学んで魅力を高め、恋愛体質を作ることが必要です。

逆位置での結婚【伝統に反した型破りな結婚】

結婚観や理想の異性像の範囲が狭いため、結婚したい異性がなかなか見つからないようです。また、伝統やしきたりに沿った結婚に反発を感じ、できちゃった婚や同性婚、年の差婚など、型破りな結婚を選ぶ傾向も。それは、両親やご先祖への反発心かもしれません。突然、婚約を破棄するような、暴挙にも出やすいようです。

♠アドバイス

結婚を求める動機が、純粋なものではないようです。愛のある生活を求めるのではなく、「結婚しなければいけないから」や「人目が気になるから」という理由なのではないでしょうか。家を出たいという親への反発心も、含まれているかもしれません。生涯を、パートナーと歩み続ける結婚の本質が何であるかを、考え直してみましょう。

逆位置での仕事【規則に反抗的になりがち】

仕事や職場の人達への反抗心の強さが、素直に仕事に向き合えない要因です。少しくらい規律を破っても構わないと思う姿勢が、遅刻や欠勤、締切の無視などを招くのです。仕事の内容や報酬額について、不満も頻繁に感じがちに。周りの人達はそんなあなたに困らせられながらも、内心では苦笑しているかもしれません。

♠アドバイス

仕事に対して、心が狭量になっています。自分の報酬など、仕事を通して利益を得ることだけが、目的になっているのでしょう。規範を破ることの裏には、「人から注目されたい」や「理解してもらいたい」という願望が潜んでいるのです。仕事とは、与えられるだけではなく、社会や人々に与えるものであることを、強く認識しましょう。

逆位置での友人（人間関係）【不満の多い狭量な交際】

自分のメリットを求め合う、温かみに欠けた、狭量な交際を示します。表面的には普通に会話をしていても、裏では相手の悪口や陰口に、花を咲かせている気配が。真の友情は、そこには存在しないのです。内心では「もっと、こうしてくれればいいのに」という欲求や不満が渦巻いているのでしょう。また、反抗的な友人も示します。

♠アドバイス

相手の欠点に注目していると、相手も同様に、あなたの欠点を重視します。長所に目を向け、褒めることで、交際の流れがグッと良くなるでしょう。また、「親しき仲にも礼儀あり」という言葉が示すように、親しい間柄でも良い関係を継続させるためには、礼儀は欠かせません。今のあなたにとって、その認識は重要なようです。

逆位置での家庭（人間関係）【家庭内の規律への反発】

家庭内の規範に反発する家族の存在を示します。それは、あなた自身かもしれません。家族行事に参加しないなど、歩調を合わせることに抵抗を感じ、逸脱した行動を取るのでしょう。内心では家族に対する不満が多く、心を閉じているのです。そのためささいなことで嫌味を言い合うなど、家庭内に険悪な空気が漂いがちです。

♠アドバイス

内面に溜め込んでいる家族への我慢や不満が、行動を捻じ曲げてしまいます。自分で気がつかなくても、「自分は家庭で、こうでありたい」という欲求が、心の奥に渦巻いているのでしょう。それが何であるかを探り、言いたいことを素直に伝えることで、肩の荷が下りるはずです。そして、曲がっていた心が、真っ直ぐになるのです。

逆位置での健康【習慣による慢性的な症状】

極度に状態が悪化することはありませんが、慢性的な病を長く抱え、完治しない傾向があります。長く続けていて、なかなかやめられない生活上の習慣が、その病の原因かもしれません。常に、気持ちもその症状に執着し、他の物事が疎かになってしまいがちに。一つの症状が、精神的にも身体的にも、動きを制限してしまうのです。

アドバイス

健康面において、「こうでなければならない」という、固定観念があるようです。それが悪く出ると、自分に合わない健康法を長く続け、時間とエネルギーを浪費することになりかねません。視野の狭さからくる思い込みを捨て、常に新しい健康法や、最先端の医療技術の情報を集めましょう。それにより、心も身体も軽くなるはずです。

逆位置での願い事【視野の狭い願い事】

あなたはその願い事に、執着心を持っていることでしょう。しかし困ったことに、その願い事は叶いにくいのです。それは、実はあなたにとって、それほど重要な願い事ではないかもしれないためです。それが必要だと思うのは、単なる思い込みかもしれません。また、実現するための努力の方向性が、間違っている可能性もあります。

アドバイス

その願い事については、既に時代遅れになっている気配があります。特に、長く願い続けているほど、その傾向は強いでしょう。ですから、自分や周囲の現状と照らし合わせ、本当にまだ必要なのか、再検討する必要があります。一度その願い事から、執着心を外してみてください。知的な人物に、意見を尋ねてみることもオススメです。

ダエグ

平穏な一日一日の積み重ねで
着実に進んでいく物事

恋愛【波風のない平和な恋】

日常生活の中で始まり、日常生活の中でゆっくりと進んでいく、平和で穏やかな恋愛を示します。日々の交流を通して、愛情もゆっくりと深まるでしょう。お互いに飾ることがないため、楽に本質を理解し合い、信頼を深めることができるのです。フリーの人は、温厚で寛大な性格の異性との間に、少しずつ恋愛感情が芽生えそうです。

♠アドバイス

良い恋愛をするために、華やかなデートプランを考えたり、着飾ったりする必要はありません。あくまでも、平凡な生活を通して、素晴らしい恋が育まれるためです。心がけることはただ一つ、「日々を朗らかに過ごすこと」。常に温かいほほ笑みを携え、優しい言葉を使っているあなたには、素敵な異性を引き寄せる魅力があるのです。

結婚【自然の流れで成就する結婚】

結婚を占った時に、平和な生活を象徴する「ダエグ」が出ると、幸福な結婚生活が約束されていることを示します。恋人も含め、身近にいる異性とごく自然の流れの中で、結婚を成就させることができるでしょう。お互いに、結婚相手は他にいないと確信できるほど、強い信頼感で結ばれます。結婚後は、平和な家庭を築けるはずです。

♠アドバイス

日常生活の中で結婚が決まりますから、良縁を求めて、あちこちへ出歩くような努力はしなくても大丈夫です。その代わり、普段から周りにいる異性に、しっかりと意識を向けてください。一見、興味を持てない控えめな異性が、運命の相手かもしれないのです。既に恋人がいる人は、将来の話を出すだけで、婚約へと進めるでしょう。

仕事【日を重ねて熟達する仕事】

決して派手さはありませんが、淡々と穏やかな気持ちで、仕事に取り組めます。大きな変動やトラブルとは無縁ですから、安心して進められるでしょう。真面目で落ち着いた仕事振りが、周囲から高く評価され、次第に信頼も深まっていくはずです。同じ仕事を繰り返しているようでも、少しずつ着実に、レベルアップしていくのです。

♠アドバイス

人目を引く奇抜さや、一気に高飛びしての大成功を求めても、空振りに終わってしまうでしょう。今の仕事に必要なのは、日々のノルマを着実にこなすことだけです。単調な仕事が続き、退屈することもあるかもしれません。それでも、そうした単調な仕事の繰り返しが、揺るぎない土台を築くということを、忘れてはいけません。

友人（人間関係）【家族のような友人や仲間】

頻繁に連絡を取り合い、日々の報告を行うような、まるで家族のような人間関係を表します。それも、一朝一夕ではなく、長い時間をかけて、信頼関係を築き上げた関係です。お互いに、相手の心情や状況がよくわかっていますから、ただほほ笑み合っているだけでも、安心感を覚えるでしょう。相手を疑う余地は全くないのです。

♠アドバイス

出会ったばかりなのに、深い悩み事を打ち明けたり、相手のことを根掘り葉掘り訊いたりするのは、横暴な態度であるといえるでしょう。距離を縮めることを焦らずに、時間をかけて少しずつ、理解し合う姿勢が大切です。親しくなりたい人とは、まずは天気や食べ物の話を続けましょう。信頼を深める時間は、十分残っているのです。

家庭（人間関係）【平和で穏やかな家庭生活】

平和や安らぎが、何よりも重要である家庭運において、「ダエグ」が出るのは幸運です。変動の少ない、穏やかな日々の中で、朗らかな家庭生活を営めるでしょう。家族が家族を思いやり、温かい言葉をかけ合えるのです。そうした日々を重ねていく中で、お互いが少しずつ成長し、家族の絆が強まっていくことを実感できるはずです。

♠アドバイス

一見、地味な作業に思える毎日の掃除や食事作りが、幸福な人生の土台になっていることを頭に入れておいてください。大勢の前で華やかなスポットを浴びるよりも、こうした地道な作業の方が、神様とつながることができるのです。日々の家事をきちんと行い、家庭環境を整えることが、幸福な家庭を築く上でも大変重要です。

健康【順調に機能する健康な身体】

永遠の記号に近い「ダエグ」の文字が、循環するかたちを示すように、体内の血液やリンパ液の流れも、順調であることを暗示します。それにより、五臓六腑の働きも順調であり、滞ることがありません。非常に健康な状態であるといってよいでしょう。それは規則正しい生活リズムやバランスの取れた食生活に起因しています。

アドバイス

非常に良い健康状態ですから、現状を維持すれば、問題ないでしょう。もし現在、体調不良を感じているのであれば、安静に過ごすことを心がけてください。特に、感情面での平穏さが重要です。精神的ストレスが、せっかくの順調な身体の機能の働きを低下させてしまうのです。陽光を浴びて、自然の中で過ごすとよいでしょう。

願い事【順調に実現に進む願い事】

その願い事は時間をかけて、しかし着実に、実現へと向かっていくことでしょう。その進展はゆっくりですから、進展していることにさえも、気づかないかもしれません。そういえば、あの願い事が叶っているな……と、ある日ふと気がつくのです。それはあなたの生活に、大きな彩りを添えていることにも気がつくでしょう。

アドバイス

いずれ願い事は叶うのですから、そのまま進めば問題ありません。しかし、なるべく早く叶えたいのであれば、「日々、小さな徳を積むこと」を意識してください。徳は多ければ多いほど、嬉しい出来事が増えるといわれています。募金箱に小銭を入れたり、道端に落ちているゴミを拾ったりと、小さな善行を重ね続けましょう。

COLUMN.2

❖追加されたルーン文字

28番目　30番目

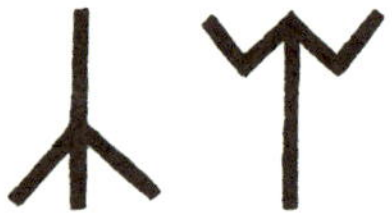

「ルーン文字の誕生と歴史」の項目で、24であったルーン文字の数が、フリースランドとイギリスでは、28～33文字に増加していったことを記載しました。追加されたルーン文字の意味は、27番目は「弓」「装身具」、28番目は「土」「地面の穴」「砂利」「墓」、29番目が「槍」、30番目が「履き物」とされています。もし、こうした文字が占いに追加されたら、どのような意味を持つのだろう……と考えると、ワクワクしませんか?

この中から、文字の形態も個性的である、28番目と30番目のルーン文字に、注目してみましょう。

28番目のルーン（イーア）は、与えられた意味とその文字の形態から、墓標のようなものを連想させます。「地面の穴」という意味もあることから、「表沙汰にはなっていない、水面下で動いていく物事」という占いの意味を与えると、しっくりくるかもしれません。

30番目のルーン（カルク）の文字の形態は、足元に広がっている3本の線が、まさに履き物をイメージさせます。夢占いで出てくる靴は、その人の人生や生活の基盤、社会的地位などを示すとされています。そうしたことから、このルーンには、「自分の人生や能力の土台を固める」という占いの意味を与えてみては、いかがでしょうか。

みなさんにも、こうして文字からイメージを膨らませてみることを、オススメします。

第3章
ルーン占い解説編

1 ルーン占いの方法

占いで使用するルーンの種類には、大きく分けて「ルーン・ストーン」と「ルーン・カード」の2種類があります。

「ルーン・ストーン」は、ほぼ同じ大きさに揃えた25個の天然石や小石、木片、動物の骨、焼き物などにルーン文字を刻んだもの、もしくは油性ペンなどで書いたものを指します。便宜上、本書ではすべてを「ルーン・ストーン」と呼びます。

「ルーン・カード」は、トランプやタロット・カードのように、25枚の同じ大きさの紙にルーン文字を書いたもの、もしくは印刷されたものを指します。

どちらも占い専門店やインターネット上で、購入できます。「ルーン・カード」は、市販の書籍の付録にも、存在しています。

的中率の高さは、どちらも変わりありません。占うシーンや好みにより、使い分けてください。外出先などで時間をかけずに手軽に占いたい場合は、「ルーン・ストーン」の方をオススメします。

ルーン・ストーンによる占いの方法

25個のルーンを、片手がすっぽり入る程度の大きさの、丈夫な袋の中に入れます。そして片手をその中に突っ込み、質問を頭の中で念じながら、ルーンをかき交ぜます。

ピンときたルーンを一つつかみ、袋から出してください。長方形のルーンであれば、この時にどちらが頭になるかを手でしっかり確認した後に、引き出します。そのルーンが、その質問の回答を示します。

複数のルーンを使うスプレッドの場合は、取り出したルーンを指定の場所に置き、また袋の中に手を入れ……と、同じ方法を何度も繰り返し、スプレッドを完成させます。

これ以外には、古来より伝わる「キャスティング」という、ルーンを投げて占う方法も存在します。これについては後述します。

ルーン・カードによる占いの方法

テーブルの上に、すべりやすい布などを敷きます。その上で裏向きにした25枚のルーン・カードの山を両手で崩し、質問を念じながら、時計回りに交ぜ合わせます。このことを「シャッフルする」といいます。

この時に、どのスプレッドを使うのかも、頭に思い浮かべてください。

十分交ざったら手を止めて、両手でカードをまとめて、一つの山にします。裏向きのまま、その山を片手で崩して、横一列に均一の間隔があくように並べます。

質問事項を頭の中で念じながら、ピンときたカードを1枚選びます。カードには「正位置」と「逆位置」がありますから、上下をひっくり返さないように注意して、横からカードを表に返し確認します。これで、占いの結果を得られました。

複数のカードを使うスプレッドの場合は、取り出したカードを指定の場所に置き、残ったカードの中からさらに質問事項を念じながら1枚選ぶ……と、同じ方法を何度も繰り返し、スプレッドを完成させるようにします。

② スプレッド紹介

◇ワンオラクル（1枚引き）

「ワンオラクル」とは、１枚のカードで占い結果を出す方法です。時間がない時でも簡単に占え、「イエス」か「ノー」がはっきりとわかる利点があります。特にルーン占いに関しては、この方法がメインであるといえるでしょう。

「ルーン占いの方法」のページを参照して、集中して一つのルーンを引き、回答を得てください。これで「ワンオラクル」は完了です。

◇ツーオラクル（2枚引き）

「ワンオラクル」は、ズバリ結果のルーンのみを導き出すスプレッドでした。それに非常に大事な役割を果たす「対策」をつけ加えたスプレッドが、「ツーオラクル」です。「結果」が思わしくなくても、具体的な「対策」がわかることにより、状況を改善する方法を見出すことができます。

「ルーン占いの方法」のページを参照して、集中して2回ルーンを引き、「結果」と「対策」の回答を得てください。

一つ目の「結果」のルーンを右に、二つ目の「対策」のルーンを左に置きます。これで「ツーオラクル」は完了です。

◇ノルンの予言（4枚引き）

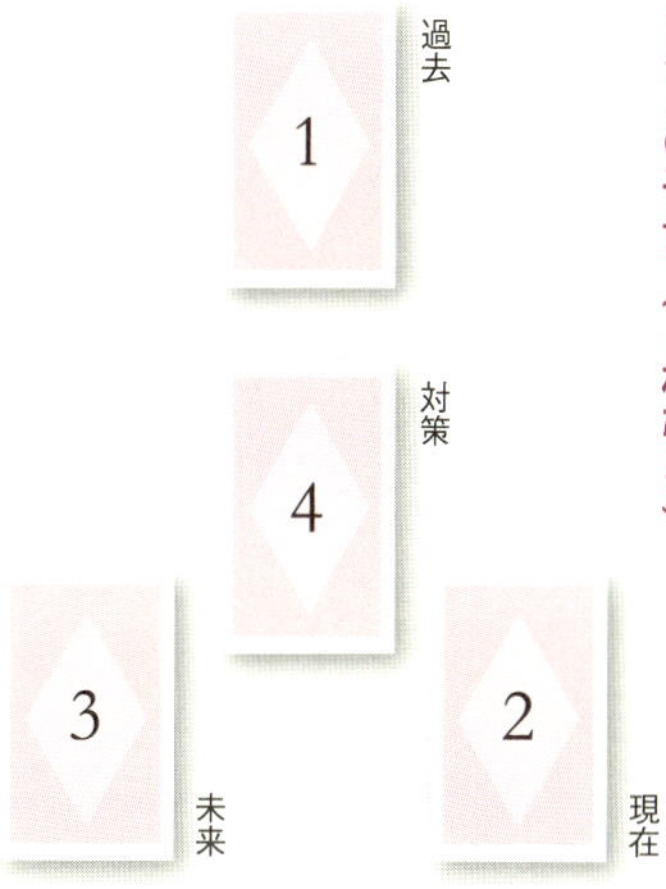

「ノルンの予言」は、質問事項の過去から未来への流れに「対策」を加えた、どういった問題でも占うことができる、シンプルで使いやすいスプレッドです。

「ウィルド」の項目でも少し説明しましたが、北欧神話の「ノルン」は、人々の運命を定めるウルズ・ヴェルザンディ・スクルドの3人の女神達です。それぞれ、運命・必然・存在を意味していますが、過去・現在・未来を司るという説もあります。それに基づき、このスプレッドが生まれました。

「ルーン占いの方法」のページを参照して、集中して4回続けてルーンを引き、「過去」「現在」「未来」「対策」の回答を得てください。一つ目の「過去」のルーンを上に、二つ目の「現在」のルーンを右下に、三つ目の「未来」のルーンを左下に、四つ目の「対策」のルーンを中央に置きます。これで「ノルンの予言」は完了です。

◇神の世界アースガルズ（25枚引き）

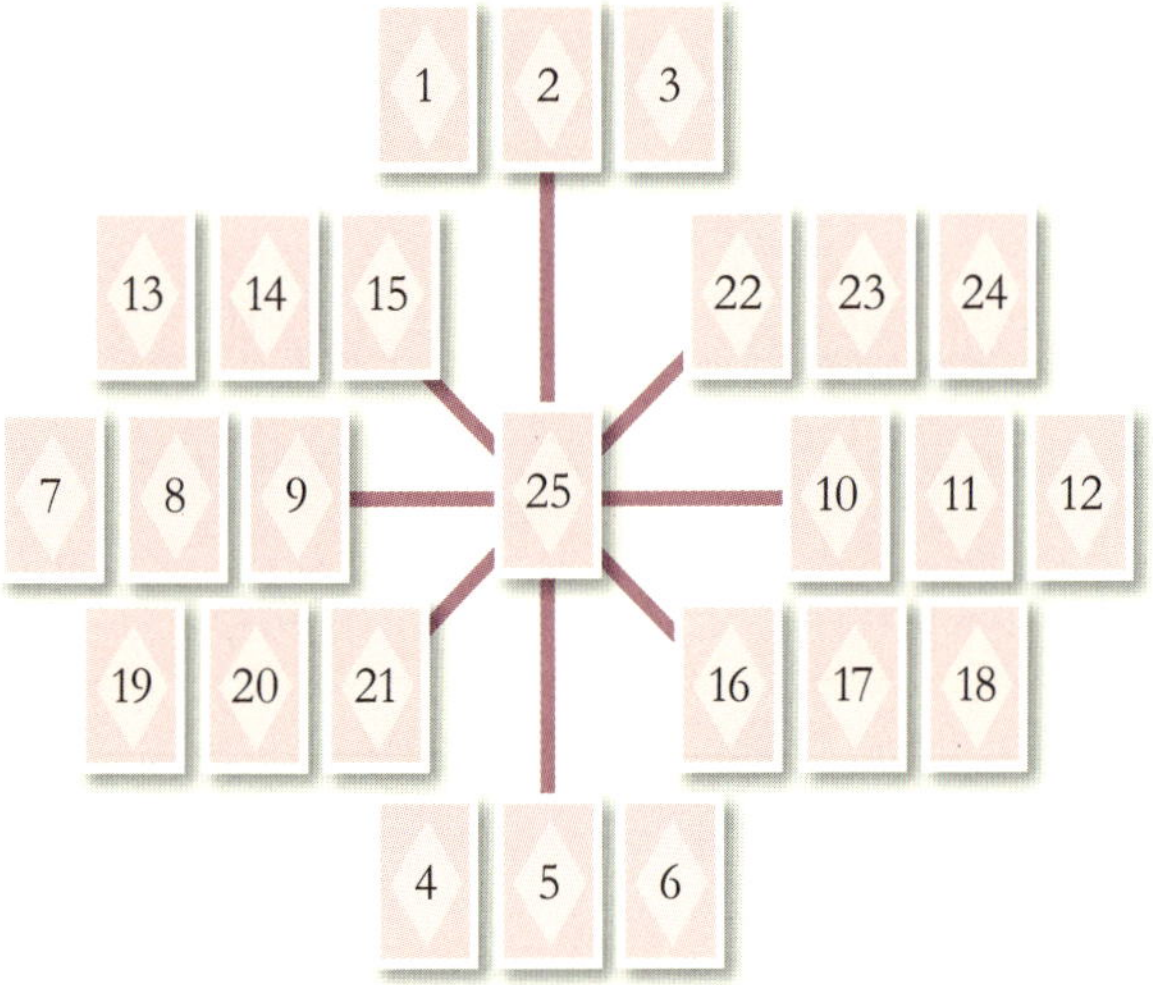

北欧神話では、神の世界「アースガルズ」を中心にして、全部で九つの世界が存在します。それを基に、25個すべてのルーンを駆使して、人生全般の問題を占うスプレッドを開発しました。

ルーン魔術で使う、複数のルーン文字を結合させた記号は「ルーン・ガルドゥル」と呼ばれます。その中でも頻繁に使用された「エオロー」の文字を八つ組み合わせた「アィイスヒャウルムル」という記号をかたどっています。

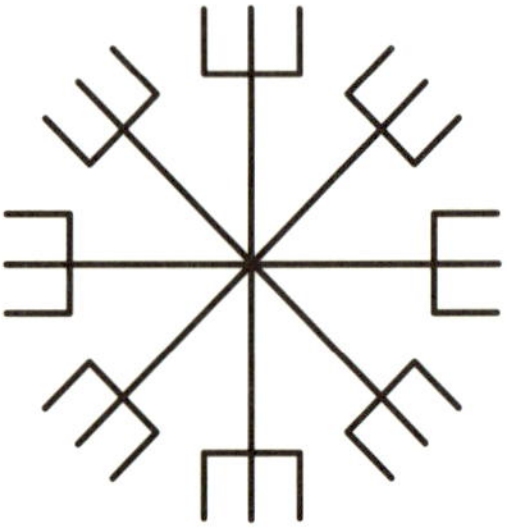

このスプレッドは、今の自分の人生を見つめたい時や、長期間の運勢を占う時などに使用します。時間をかけてゆっくりと占い、自分自身と向き合ってみてください。

図の①から㉔の順番に、一つひとつ念じながらルーンを引き、各位置に並べていきます。最後に残ったルーンを㉕に置いて完成です。

各位置の意味は、以下になります。

①〜③…ムスペルヘイム
自分の中に存在する、夢や希望の①過去、②現在、③未来

④〜⑥…ニヴルヘイム
自分の内面に潜在する、不安や絶望の④過去、⑤現在、⑥未来

⑦〜⑨…ヨツンヘイム
今抱えている最大の問題の⑦過去、⑧現在、⑨未来

⑩〜⑫…ミズガルズ
金銭・物質的な状況の⑩過去、⑪現在、⑫未来

⑬〜⑮…アールヴヘイム
援助してくれる人や状況の⑬過去、⑭現在、⑮未来

⑯〜⑱…ニヴルヘル
妨害される人や状況の⑯過去、⑰現在、⑱未来

⑲〜㉑…スヴァルトアールヴヘイム
身体的な健康面の⑲過去、⑳現在、㉑未来

㉒〜㉔…ヴァナヘイム
精神的な幸福面の㉒過去、㉓現在、㉔未来

㉕アースガルズ…総合的な状況

③ キャスティング紹介

◇古代北欧のキャスティング

「キャスティング」とは、ルーン・ストーンを投げて占う方法です。北欧の歴史書の『ゲルマニア』にも記されているように、古代北欧では、ルーン文字が刻まれた小枝を投げて、占う方法が用いられていました。その方法を簡略化したものを紹介します。

① 屋外もしくは室内の広い場所へ出て、自分の周りに半径1メートルほどの円を描きます。円の大きさは厳密ではなく、大体で問題ありません。

② 両手に25個のルーン・ストーンを持ち、質問事項を念じながら、一気にそれらを真上に投げます。高さはそれほどない方がよいでしょう。

③ 円の中に落ちたルーンに注目します。正逆は、自分から見てどちらの向きであったか、もしくは拾い上げた時にどちらを向いていたかで、判断してください。横向きになっているものは、文字の右側が上を向いているものを「正位置」、下を向いているものを「逆位置」として判断します。判断が難しい場合は、正位置として判断してください。特に、一番自分の近くに落ちたルーンが質問の回答を意味しています。それ以外のルーンは、回答の補助的なものとして判断するようにします。

◇アエティール・キャスティング

24個のルーンは「アエティール」という三つのグループに分けられ、そのグループの頭文字を使い、それぞれ「フレイヤのグループ」・「ヘイムダルのグループ」・「チュールのグループ」と名づけられています。それぞれらの代表的な神々の名のもとにキャスティングを行い、神託を得る方法です。具体的な問題よりも、１カ月間の運勢や1年間の運勢など、トータル的な運勢を占うのに適しています。

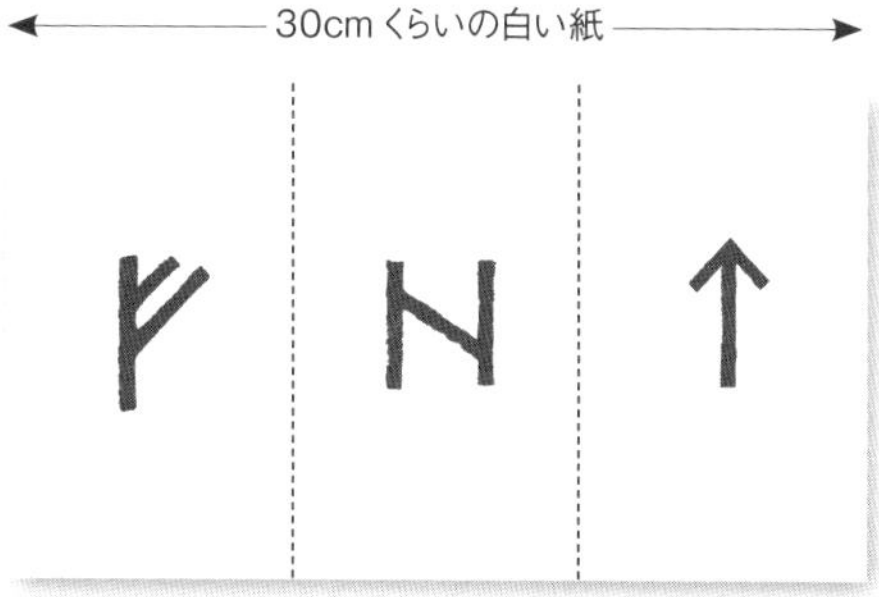

①長方形の白い紙を用意します。大きさは30センチ四方もあればよいでしょう。
②その紙に2本の縦線を引き、紙のスペースをほぼ均等に三等分にします。
③左のスペースにはフレイヤの頭文字の「フェオ」の文字を、中央のスペースにはヘイムダルの頭文字の「ハガル」の文字を、右のスペースにはチュールの頭文字の「ティール」の文字を、太めのペンでしっかりと書きます。
④両手に25個のルーン・ストーンを持ち、質問事項を念じながら約1メートルの高さから、紙の上に一気に落とします。
⑤三つの枠の中に入ったルーンに注目します。裏返しになっているものは、正逆の向きを変えないように、横から表向きにして確認します。横向きになっているものは、文字の右側が上を向いているものを「正位置」、下を向いているものを「逆位置」として判断します。

各スペースの意味

フレイヤ（フェオ）のスペース…愛情に関すること
ヘイムダル（ハガル）のスペース…金銭物質・健康など現実問題に関すること
チュール（ティール）のスペース…戦いや目標達成に関すること

どのスペースに何のルーンが入ったのかを組み合わせて、各運勢を読み取ります。

第4章
ルーン占い実践編

ケーススタディ①

「次の日曜日に合唱コンクールがあります。入賞するためにこの1年間、みんなで力を合わせて頑張ってきました。できれば入賞したいのですが、取りあえず、力を出し切れればいいと思っています。それが可能かどうかを教えてください」（17歳・女子高生）

〈ワンオラクル〉

ルーン・カードを引いて出た「ヤラ」は、「1年」や「収穫」という名称を持っています。まさに質問者が頑張ってきた1年間とかぶっていて、リアリティーを感じさせる占い結果です。

　質問内容の、「力を出し切れるかどうか」の思いは実現するでしょう。それは「ヤラ」が1年間の頑張りを通して実った物事を、収穫することができることを暗示しているためです。

　例えば、農作物の収穫を考えてみると、一度生長した農作物は、決して小さくなることはありません。つまり、収穫時が一番大きい状態なのです。それと同様に、質問者にとってコンクールの場が収穫の場であり、その時に過去最大の力を発揮できるという可能性が考えられるのです。

　それによって入賞できるかどうかは、また別の問題でしょう。それでも過去最大の力を出せるということで、入賞の結果はどうであっても、全員が満足することができるはずです。

ケーススタディ②

「これまで何人かの男性の方とおつき合いをしてきました。結婚願望はあるのですが、どれもあまり上手くいかず結婚までたどり着きませんでした。結婚を決めるためのアドバイスをお願いします」（29歳・女性）

〈ノルンの予言〉

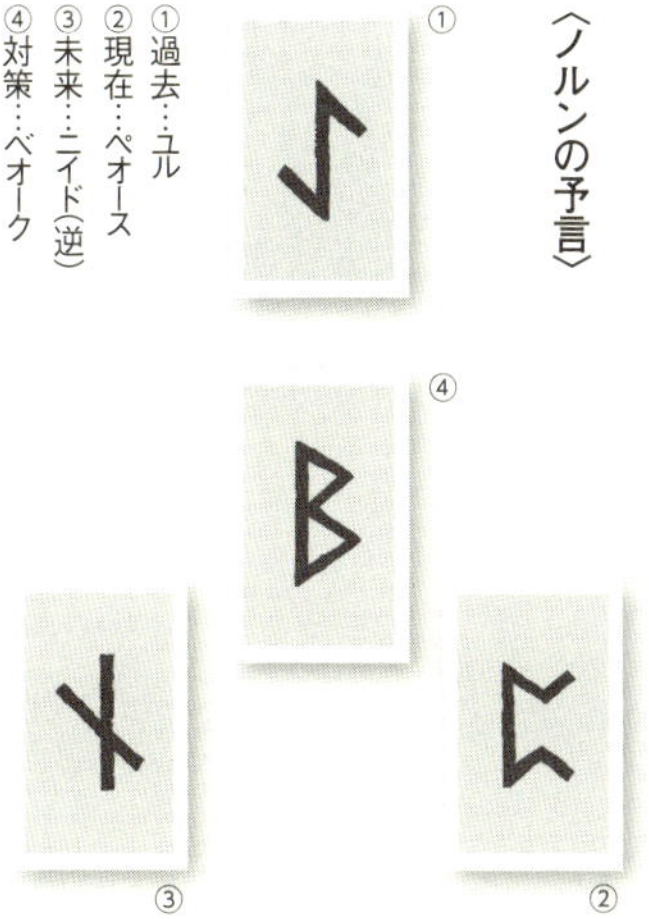

①過去…ユル
②現在…ペオース
③未来…ニイド（逆）
④対策…ベオーク

「ノルンの予言」は過去から未来までの流れを出し、それに対策がプラスされるという、比較的シンプルでわかりやすいスプレッドです。ルーン占いでは、たとえ未来が思わしくなくても、その流れを変える働きを持つ対策を出すことが、非常に重要です。ですから対策の位置は、目立つ中央に陣取ってあります。

過去の「ユル」は、質問者が恋愛を通して結婚のことを、かなり深刻に考えてきたことがわかります。切羽詰まった恋愛の中で、別れを選んできたことを、そのまま示しているかのようです。

現在の状況を示す「ペオース」は、ポジティブな意味を持つルーンではありますが、質問者が現在、恋愛や結婚に関して地に足のつかない状況にいることを暗示します。突然訪れるような運命的な出会いを求めていたり、その場限りの衝動的な恋愛に走りやすい精神状態だったりするのかもしれません。合コンなどに、顔を出している可能性もうかがえます。

その結果、未来を示す「ニイド」逆位置の状況が訪れるのです。つまり、頑張りが思うように結果につながらず、閉塞感を味わいやすい状況です。

では、どうすればよいのでしょうか。対策のルーンは、母性により物事を育成させる働きを持つ「ベオーク」です。これは、現状の「ペオース」とは、程遠いムードを持つルーンです。

質問者が結婚を実現させるためには、方法を変えなければなりません。少しずつ愛情を育てることが大事ですから、身近な男性との関係を見直しましょう。周りに異性がいないようであれば、何かのサークルに入るなど、まずは信頼関係を育める環境を作ることが必要です。結婚相手は、情を育み合った人の中から出てくる可能性が高いためです。

「ベオーク」はそれと同時に、母親らしい優しく温かい人柄を築くことが大事であるとも告げています。男性を甘えさせる度量を持ちましょう。例えば、料理の腕前を磨くことも、プラスになるはずです。

③ ケーススタディ③

「現在、プロの作家として細々とインターネットサイトや雑誌に寄稿しています。しかし、夢や目標は大きく、いつかベストセラー作家になりたいと願っています。そんな自分のここ最近の作家人生について、詳しく教えてください。」（37歳・女性）

自分の中に存在する、夢や希望の①過去…ギューフ
②現在…ラーグ（逆）
③未来…ユル
自分の内面に潜在する、不安や絶望の
④過去…シゲル
⑤現在…ニイド
⑥未来…ウル
今抱えている最大の問題の⑦過去…アンスール
⑧現在…オセル（逆）
⑨未来…エオロー
金銭・物質的な状況の⑩過去…ペオース（逆）
⑪現在…ハガル
⑫未来…エオー

援助してくれる人や状況の
⑬過去…ウィルド
⑭現在…ウィン
⑮未来…ヤラ
妨害される人や状況の⑯過去…ケン
⑰現在…フェオ（逆）
⑱未来…マン（逆）
身体的な健康面の⑲過去…イス
⑳現在…ベオーク（逆）
㉑未来…イング
精神的な幸福面の㉒過去…ソーン（逆）
㉓現在…ラド（逆）
㉔未来…ティール（逆）
㉕総合的な状況…ダエグ

〈神の世界アースガルズ〉

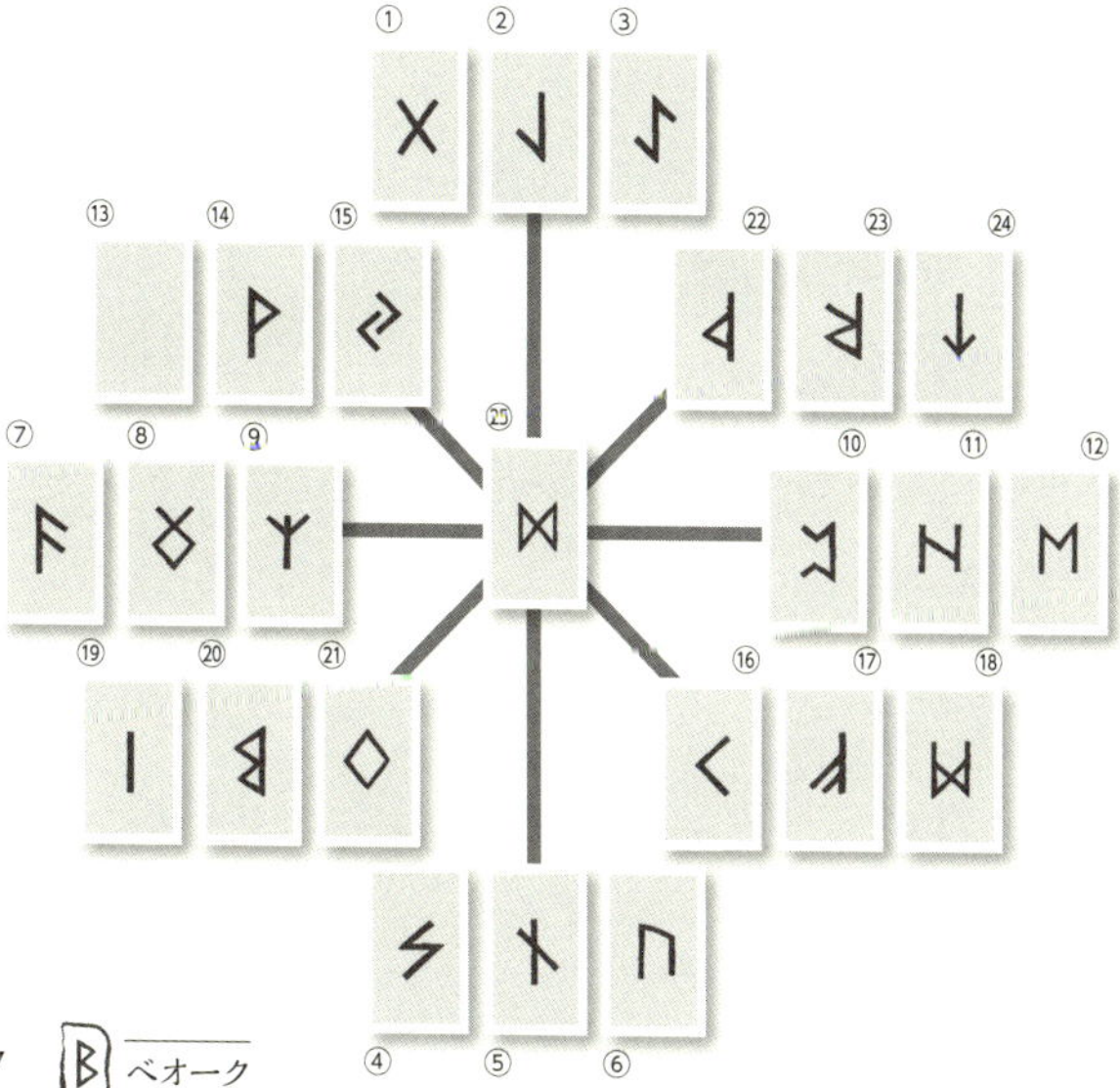

ルーンの個数が多く、読み方が非常に難しいスプレッドです。無理に全部を読んでつなげようとすると、何かしらの矛盾が生じたり、読み取れなかったりする箇所も出てくるでしょう。ですから、要点だけを絞って読み取ることが大切です。

また、基本的には上部がポジティブな要素を示し、下部がネガティブな要素を示します。ポジティブな要素の中にネガティブなルーンがある場合は、そのポジティブな要素を否定的にします。逆に、ネガティブな要素の中にポジティブなルーンがある場合は、そのネガティブな要素を打ち消します。

はじめに、中央にある㉕のルーンに注目します。この位置は、その人の人生すべてを象徴するといえます。ここに出ているのは、穏やかで平坦な日々が過ぎることを示す「ダエグ」です。質問者はベストセラー作家になる夢を持っていますが、今の流れは全体的に緩やかなため、近いうちに急速に状況が発展していく可能性は、残念ながら低いといえそうです。しかし、決して状況が悪化することはなく、現状維持は保障されています。

次に、質問者の精神状態の動きを見てみましょう。「自分の中に存在する、夢や希望」の項目で、過去は「ギューフ」と幸福感に満ちていましたが、現在は「ラーグ」逆位置で、甘えや悲観が出てきています。そして未来は「ユル」と、夢や希望に関して、かなり追い込まれる心配があります。

しかし、「自分の内面に潜在する、不安や絶望」の未来が「ウル」です。ただ悲観に暮れることなく、心の奥底では苦境に打ち勝とうとする前進力が存在します。逆境に強いタイプなのかもしれません。

ネガティブなルーンが集まっているのは「精神的な幸福面」です。過去の「ソーン」逆位置と未来の「ティール」逆位置は、強い攻撃心や闘争心があることを示します。それは、大成功への焦燥感や執着心からきているのかもしれません。そのため、精神的な幸福感を味わいにくい状態が続いているのです。また「金銭・物質的な状況」もネガティブなルーンが多く、特に現在の「ハガル」が、金銭的に逼迫《ひっぱく》した状態を示しています。それが、精神的な幸福面の足を引っ張っているとも判断できます。

そうした中で、一番ポジティブなルーンが多くて救いがあるのが、「援助してくれる人や状況」の項目です。現在の「ウィン」は、あなたの才能を見込み、喜んで協力してくれる人が存在することを示します。未来の「ヤラ」からは、そうした人達との関係が長く続き、信頼度も次第に深まることが、期待できます。過去の「ウィルド」を見ると、それは過去世などからの運命的な縁なのかもしれません。

しかし、「妨害される人や状況」の中の「フェオ」逆位置や「マン」逆位置は、物質面など現実的な物事に関して、足を引っ張るような人もいそうです。対人関係を通しても、金銭的援助が少ない状況であるといえるのです。

すべてを合わせてみると、総合運の「ダエグ」により、波の少ない安定した状況の中にいることをうかがわせます。逆境に強い精神力や、援助してくれる人達が存在することが、それを築き上げているのでしょう。しかし、金銭的な援助が少なく、金銭・物質的に余裕がないことが、現状に不満を感じさせる原因となっています。援助者を増やしていくなどして、そうした面を克服することが必要です。それにより、精神的幸福感を味わえると同時に、作家として成功していくことにつながるのでしょう。

④

ケーススタディ④

「これから1カ月間は仕事の繁忙期と家族の行事が重なり、非常に忙しくなります。この1カ月間の自分の運勢を全体的に占ってください」（41歳自営業・男性）

〈アエティール・キャスティング〉

③ ② ①

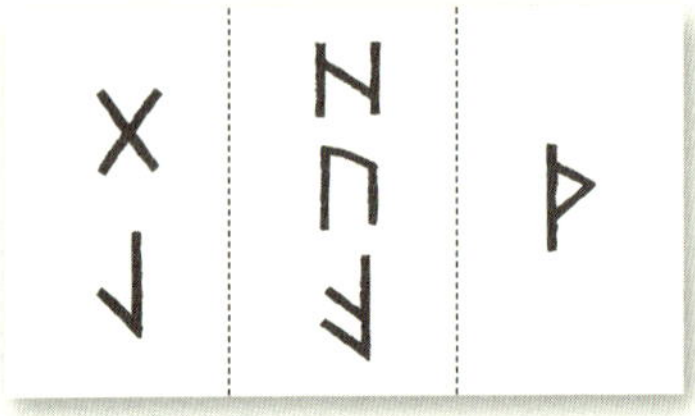

入ったルーン
①フレイヤのスペース（家庭運）
…ギューフ、ラーグ（逆）
②ヘイムダルのスペース（健康運）
…ハガル、ウル、アンスール（逆）
③チュールのスペース（仕事運）
…ソーン

この質問者の場合は、フレイヤのスペースを家庭運、ヘイムダルのスペースを健康運、チュールのスペースを仕事運と設定することにします。このように質問の内容によって、既存のスペースが持つ意味を、微妙に変更することも可能です。その際には、占う前に変更内容を決め、そのことも質問と一緒に念じながら、占うようにしてください。

まずは、家庭運であるフレイヤのスペースを見てみます。入ったのは「ギューフ」、「ラーグ」逆位置と、愛情を示すルーンが二つです。「ラーグ」逆位置が、家族に寄りかかる気持ちがあることを示しますが、「ギューフ」のパワーは強いため、ネガティブに捉えるほどではないでしょう。質問者にとって、家庭は豊かな愛情を実感できる場になりますし、それは家族の行事を通して、強く実感できるはずです。

次に、仕事運を示すチュールのスペースを見てみます。こちらに入ったルーンは、「ソーン」の一つのみです。仕事へのモチベーションは高いのですが、そこには「周りを見返してやろう」というような攻撃心や反逆心が含まれていそうです。そのパワーは非常に強く、どれだけ仕事が多忙であっても、またどれだけ休日の家族サービスにエネルギーを費やしても、仕事の手を抜くようなことはないのでしょう。そして、結果的には自分のノルマをしっかりと成し遂げる上に、満足できる成功を手にすることもできるはずです。

こうしたことから、家庭が深い愛情を感じる温かい癒しの場となり、仕事が真剣な戦いの場となるという、まさにフレイヤとチュールが持つ性質を地でいく状態になるといえます。

最後に、中央のヘイムダルのスペースを見てみます。こちらには、「ハガル」と「ウル」、「アンスール」逆位置という、三つのルーンが入りました。特に「ハガル」の破壊的な力が気になります。健康運を中心として判断するため、突然体調を崩すなど、健康状態に大きな衝撃が走ることを、覚悟しなければなりません。

忙しすぎるしわ寄せが、健康面に出てきてしまうのです。しかし、それと同時に「ウル」が、エネルギッシュな状態であることを示しています。すなわち、体調を崩しても強い回復力を持つため、大事には至らないということです。しかし、決して油断しすぎないようにしましょう。

ここでの「アンスール」逆位置の判断は少々難しいのですが、健康に関する誤報、すなわち病院での誤診などに注意した方がよいということです。体調不良時は、自己診断も避けた方がよいでしょう。

これから1カ月間の運勢をトータル的に判断すると、家庭行事も楽しくこなせ、仕事面でも目標を達成できるでしょう。しかし、健康運だけが心配です。特に無理を重ねがちな仕事面に関して、目標を下げたり、休憩時間を増やしたりしながら、無理のないペースで取り組むことを心がけることが必要です。

COLUMN.3

未来の不確実性

多くの占い師が口を揃えて、「過去や現在は比較的当てられるけれど、未来を当てるのは難しい」と話しています。実際に私自身も、占いで未来を当てることは難しいと、実感しています。それは、何故なのでしょうか。ひと言で表現すれば、「未来は、まだ決められていないため」であるといえます。

過去は既に通り過ぎ、固定された事実と記憶が残っています。そして現在は、既に目の前に固定されて存在しています。しかし、これから訪れる未来だけは、まだ固定されていない流動的な状態なのです。

占いによって示される未来は、「このままの状態で進んでいくと、こうなる可能性が高い」ということを、示唆しているにすぎません。同時に対策のルーンも出し、クライアントがその通りに動いた場合、予定されていた未来とは違った未来が、目の前に訪れることになります。

占いの大先輩から聞いた、「占い結果で訪れる未来を知った瞬間、その物事の流れが変わる」という言葉も、強く心に残っています。例えば、アスリートが占いで、「今年は優勝しますよ」と言われた瞬間、妙な力みが入ってしまい、占いが外れる結果になる……という可能性も、十分に考えられるのです。

台風の進路予想図は、先に進むほど輪が大きくなり、未来になるほど予想が難しくなることを示しています。占いも、それと同じです。そのために、ルーン占いを含めた卜術は、遠い先のことを占うことが、困難であるとされているのです。

第5章 ルーン占いQ&A

Q ルーン占いでは、どういう質問内容が、適しているのでしょうか。

A

占いで使うルーン文字は、数本の線のみでできている、非常に単純な構成です。そのため、特にワンオラクルなど少数のルーンを使用するスプレッドでは、複雑な回答を導き出すのは、困難になります。ですから、「『イエス』か『ノー』で答えられるくらいに、質問内容を絞ること」が大切です。

例えば、「今後の恋愛運はどうなりますか?」という漠然とした質問を投げかけ、その結果に「ウル」の正位置が出た場合、「異性から来るのか自分から動くのかがわからないけれど、何か大きな動きがありそう」という、曖昧で不明点の多い読み方になってしまいます。これを、「今度行く合コンで、異性の誰かが気に入ってくれますか?」という、「イエス」か「ノー」で答えることができる、具体的な内容の質問に絞ることによって、「誰かが非常に気に入ってくれて、猛プッシュをかけてくれるようだ」という、具体的な結果を得ることができるのです。

しかし、本書で紹介したスプレッドの「神の世界アースガルズ」や「アエティール・キャスティング」など、使用枚数が多かったり、既にスプレッド内で具体的な項目が設定されていたりする場合は、そのかぎりではありません。これらのスプレッドに関しては、期間を設定するのみにして、「全体的にどうなるのか」という質問を投げかける方が、的確な結果を得られるといえます。質問内容に合ったスプレッドを選ぶようにしてください。

また、偶然性を使って占う卜術全体にいえることですが、数年先の問題を占うなど、長期的な内容の質問には、適していません。先のことを占うほど、的中率は下がってしまいます。長くても3カ月先の問題にとどめましょう。

また、ルーン占いでは、タブーとされている質問も存在します。「人の生死に関わること」や「ギャンブルの当選結果」、「人の不幸を願うこと」などが、主なものになります。それ以外に、「試験の合否結果」も、占うことは避けたい質問です。もし「合格する」と出ると、安心して勉強や練習の手を抜いてしまい、占い結果が変わりやすくなるためです。

ルーンを通して回答を導いてくれるのは、あなたの精神的な成長を願う、守護神的存在です。ですから占うことによって、かえって堕落するような状況では、わざと占い結果を外す場合もあります。

Q　ルーン・ストーンが正位置でも逆位置でもなく、横向きに出てしまった場合の対応を教えてください。

A　ルーン・ストーンは、長方形もしくは平たい楕円形のものであれば、袋の中でも上下と左右の区別がつくため、非常に引き出しやすく、正位置と逆位置の判別もつきやすいでしょう。しかし、ときにはルーン・ストーンが正方形であったり、球形をしていたりする場合があります。その際には、袋の中で手で探ってみても、上下左右の判別がつきません。

そうした場合に、横向きで出た時には「ルーン文字の右側が上を向いている場合は、正位置」「ルーン文字の右側が下を向いている場合は、逆位置」と、覚えておいてください。

また、ときには取り出したルーンや投げたルーンが斜めになってしまい、正位置なのか逆位置なのかの判別が全くできない、という場合もあると思います。その際には正位置なのか逆位置なのかを直感で決めるか、基本的には正位置として、判断するようにしてください。

Q ルーン・ストーンが裏向きになって出てくることにも意味があるのでしょうか？

A 書籍の中には、ルーン・ストーンが裏向きになって出てくることにも意味があるとしているものも存在します。既に絶版になっている、D・J・クーパー『魔力伝説ルーン・ストーン占い』（二見書房、1993年）がその書籍であり、各ルーンにつき、「表・正」「表・逆」「裏・正」「裏・逆」と、それぞれ四つのパターンに分けて占いの意味を説明しています。

この本では裏向きになると、そのルーンの影響がストレートに出るのではなく、潜在的に働くようになるというスタンスのようです。

こうして裏向きの場合の意味も採用すれば、全部で2倍の82通りのパターンが出来上がりますから、かなり詳細な占いを実践できるでしょう。

しかし、それほど多数の意味を頭の中に叩き入れ、占いに取り組むのは困難です。一般的には裏向きは採用されておらず、認知度が非常に低いこともあり、「裏向きには意味がない」と思っていただいて問題ありません。

ルーン占いに慣れて余裕が出てきたら、自分自身で裏向きに意味をつけてみるのも有意義といえます。さらに占いの幅が広がるはずです。

Q 「未来」の位置が示す占い結果の時期は、いつ頃だと思えばいいのですか？

A 本書で紹介したスプレッドの中で、正式に「未来」の位置を設定しているのは、「ノルンの予言」と「神の世界アースガルズ」です。それ以外のスプレッド法も、基本的には「結果」の位置が、未来を示しています。

未来に関して占う場合は、占う時に自分の頭の中で、できるだけ「明日の運勢を占う」や「〇カ月先を占う」

と設定しておくことをオススメします。もし、設定しないで占った場合は、問題の内容にもよりますが、基本的には「1～3カ月間に起こる、印象の強い出来事を示す」と思っておけばよいでしょう。

ト術であるルーン占いは、数年先の未来まで占うのは困難であり、比較的、近未来を予測する占術であるためです。

しかし、ときにはその問題の「最終結果」として、1～2年先の結果を示すこともあります。その間にさまざまな出来事が通りすぎて、最終的にはその結果に落ち着くということです。しかし、それほど先の未来を出す条件としては、その問題のことを占うのはその一度だけにするか、かなり集中して占う……ということが必要です。

Q 毎日ルーン占いをして上達を早めたいのですが、どのようなテーマがいいですか？

A 毎日のようにルーンに触れるのは、ルーンが持つ意味を早く把握し、占いのリーディング能力を高めるのに効果的です。ですから、毎日テーマを決めて占うのは、非常に良い方法であるといえます。

朝であれば、「今日1日の運勢」というテーマで占うのが、わかりやすい上に有意義であるといえます。本来であれば、ルーン占いは「イエス」か「ノー」で答えられる質問が適しているのですが、練習を兼ねているため、あえて漠然としたテーマを選んでみるとよいでしょう。

毎朝、出かける前に「今日は、どんな1日になりますか？」と念じてルーンを一つ引き、それを覚えておきましょう。そして1日が終わったら、その日がどのような日であったかを振り返ってみてください。朝引いたルーンと照らし合わせてみましょう。それを長く繰り返しているうちに、「このルーンは、こういう出来事を表しているんだな」ということが、次第に見えてくるはずです。

また、もう一つの練習として「自分の感情や状態を占ってみる」という方法もオススメです。なぜなら、自分の感情や状態は、ある程度は自分自身で把握できるためです。「今の自分の精神状態は、どういった状態ですか?」や「今の私は、○○に対してどんな感情を持っていますか?」などと念じてルーンを引き、今の自分の精神状態を占ってみてください。それを繰り返しているうちに、「このルーンは、こういう精神状態を示すんだな」ということも、次第にわかってくるようになるでしょう。

それ以外にも、いろいろなことを占ってみてください。真剣に占う経験を重ねるほど、リーディングが上達していくことはいうまでもありません。

Q 同じ質問を二度占ったら違う意味のルーンが出ました。どちらを信じればいいですか?

A ルーンは占術の中でも、タロット占いや易占いと同様に、偶然性を利用して占う卜術に分類されます。すべての卜術に関していえることですが、同じ問題を2回以上占うことは、タブーとされています。これは、初めの占い結果を大事にしていないことになり、次第に当たらなくなっていってしまうためです。一つの問題を占う機会は一度だけと心得て、心を落ち着けて集中して占い、その初回の答えを大事にしましょう。

どうしても2回占いたい場合は、その問題の状況が変化した時や、数カ月以上経ってからにしてください。

それでも、どうしても2回以上占ってしまうこともあると思います。その際には、「最初に占って出た結果」を重視するようにしてください。

Q 本に書かれているルーンの意味をすべて覚えた方がいいですか？

A 　本書には、各ルーン文字につきさまざまなシチュエーションによる意味が書かれています。しかし、そうした意味を覚える必要は全くありません。その代わり、大まかにでも覚えていただきたいのは、各ルーンが持つ「キーワード」です。

例えば、「フェオ」には「地道に重ねる努力が育む、豊かな富や財産」というキーワードがあります。そのキーワードを元に、さまざまな場面での結果を連想していきましょう。もし、仕事の問題を占って出たのであれば、「コツコツと頑張れば次第に仕事が成長し、売り上げと収入が増える」というようにイメージしていくのです。

逆位置の場合は、正位置のキーワードがネガティブなかたちで出ると判断します。「フェオ」の逆位置であれば、富や財産に関する悪い状態であること、すなわち正位置とは逆に、富や財産が増えていかずに減っていくこと、損をすることなどがイメージできます。

逆位置に関しては、各ルーンの「正位置との大きな違い」の項目に、逆位置のキーワード的な意味が書かれています。ですので、そちらを参考にして、逆位置のイメージをつかんでください。

はじめのうちは、本に書かれている詳細な意味を参考にしながら、各ルーンが持つイメージをつかんでいくとよいでしょう。

ルーン占いに慣れてきたら、本に頼ることなく、自分自身でイメージを広げて、意味を編み出すように心がけましょう。

Q 他人を占う時に注意する点はありますか？

A

ルーン・ストーンを使って他人を占う場合は、あなた自身が袋からルーンを引き出しても、相手に引き出してもらっても、どちらでも占えます。ルーンを人に触らせたくないと思うようでしたら、自分自身で相手の問題を念じながら、ルーンを引くようにしてください。相手に引かせる場合は、「正位置か逆位置かわかるように、引き出してください」と頼みましょう。

またルーン占いは、答えがズバッと出る占術です。ですから、回答を伝える時には、言葉遣いに十分注意しましょう。占ってもらった大半の人は、占いを通して少しでもネガティブな言葉を耳にすると、非常に気にしてしまいます。そのため、できるだけ相手を傷つけない言葉を選ぶようにします。

例えば、恋愛問題で相手の気持ちを占った時に「イス」が出たとします。そこで、「彼の愛情はもうすっかり冷めているみたい」などと伝えると、相手は精神的ダメージを受ける心配があります。その際には、「彼はどうもいろいろと悩んでいるのか、今はあなたに心を閉ざしているようよ……そっとしておいて欲しいのかもしれないね」というように、柔らかい表現を使って結果を伝えるようにしてください。

また、ネガティブな結果を伝える際には、「では、それを改善するためにはどうすればいいのか？」というアドバイスを、必ず伝える必要があります。

今回の「イス」の例では、「しばらくそっとしてあげて、少ししたら挨拶程度の連絡をしてみてはどう？」などと、ルーンが導き出す相手の状況から、自分自身でアドバイスを考え出してもよいでしょう。

しかし、アドバイス・ルーンを追加する方法を取った方が、相手の状況を良くするための、より的確なアドバイスを得ることができます。「その結果を改善するためには、どうすればいいですか？」と念じて、さらにもう一つのルーンを得て、そこからアドバイスを伝えてください。

Q **ルーンを自作する時の注意点を教えてください。**

A 　ルーン・ストーンは、丸みのある天然石や川原などに落ちている丸い小石、陶芸で作る焼き物、木片、紙粘土などで、同じ大きさのものを25個揃えて、オリジナルのものを作成することができます。木片を使用する場合であれば、彫刻刀などで文字を彫ってみてもよいでしょう。もしくは油性のマジックインキなどで書いた方が、安全で簡単かもしれません。その文字が持つイメージを思い浮かべながら、一つのルーンに一つの文字を、心を込めて丁寧に書いていくとよいでしょう。

　24文字の中で、「ニイド」だけは正逆の判別が難しいルーン文字です。「ニイド」の文字を書く際には、横棒の位置に注意しましょう。幹の中央に引いてしまっては、正逆が全く同じになってしまいます。幹の中央から、少し上の方に引くようにしてください。判別が困難になってしまった場合は、文字の上部に小さな印を入れるなどして、判別ができる状態にしましょう。

Q **ルーン文字の名称が書籍によって違うようで、２種類あるようです。なぜ、２通りの名称があるのでしょうか。**

A 　ルーン占いの書籍の中では、各ルーンの名称は「フェオ」や「ウル」、「ソーン」……という比較的短く、覚えやすい名称であることがほとんどです。邦訳されているルーン占いの本では、唯一、ラルフ・ブラム『ルーンの書』（VOICE、１９９１年）が、「フェイヒュー」や「ウルズ」、「スリサズ」……という比較的覚えにくく、難しい名称を使用しています。

　考古学上で各ルーンにつけられている名称は、『ルーンの書』と同様の、少々難しい名称の方になります。これは、古代から伝わるゲルマン語を基にして、名称を再建したものです。8世紀頃まで、ゲルマン語圏で使用されていた名称であるとされています。ですから、こちらの名称の方が、古代ルーン文字の本来の名称であるといえるでしょう。

ルーン占いを中心にして使用される、「フェオ」や「ウル」……の方の名称は、基本的には現代英語をベースにして構築されています。例えば「フェオ」は、料金を表す“Fee”、「ソーン」は棘を表す“Thorn”が語源です。これは、英語圏で使用されたアングロ・フリージア型ルーンの名称が、現代英語に近いかたちに変革されたものと思われます。

どちらの名称を用いても、個人の自由です。例えば、古代北欧のイメージをそのまま引き継ぎたいのであれば、ゲルマン語を基にした名称を使用してもよいでしょう。しかし占いに関しては、現代英語を基にした読み方を使う方が、主流になっているようです。

Q 北欧神話が全くわからなくても、ルーン占いをしても大丈夫ですか？

A ルーン占いは、まるでおみくじのように簡単にできる占いです。ですから、もちろん北欧神話について全く知らなくても、問題なく占うことができます。深く考えず、気軽に占いに挑戦してみてください。

しかし、各ルーンが持つ名称や意味に、北欧神話の内容が絡んでいることも事実です。例えば、「ウィン」の文字の形がオーディンの杖をかたどっていたり、「ソーン」の文字の形がトールのハンマーをかたどっていたりするといわれています。また、「ティール」の名称はチュール神からきており、「イング」はイング神と呼ばれるフレイが、その名の由来です。

自分自身で占う場合は特に問題ありませんが、他人を占う場合に、「どうしてその文字はそういう意味があるの？」とか「そのルーンの名前の由来は？」などと質問されて、それに対して「知らない」と答えてしまうと、信憑性がないと思われるかもしれません。

　そうしたルーンの基本的な構造を把握していれば、人に説明できますし、その上に、自分自身の占いにも信頼感を持つことができて、占いの深みが増すでしょう。そのため、ある程度占いに慣れたら、一度北欧神話の本を読んでみることをオススメします。

Q　ルーン文字は魔術にも使えると聞きましたが、実際に効果はあるのでしょうか？

A　北欧神話の中でも、ルーン文字は魔力のある文字として頻繁に登場します。そして、その魔力は占いではなく、おまじないというかたちで活かされているのです。また、実際にも古代北欧では、ルーン文字が登場したばかりの頃から、ブローチのような装飾品に呪文を彫り、護符としての役割を与えていました。このように、ルーン文字には神秘の力が宿っているとされているのです。こうしてルーン占いとして復活を果たしているのも、その魔力の賜物であるといえるでしょう。
　ルーン魔術に限らず、おまじないは真剣に取り組めば取り組むほど、そして叶えられると信じれば信じるほど、その効果は高くなります。ですから、神秘のルーン文字を使って、是非、幸運をつかんでみてください。

　例えば、「ギューノ」の項目でも記載しましたが、愛する人の手紙に「ギューフ」の文字を書き込むことで、気持ちが伝わるとされています。勝負事で勝利を収めたいのであれば、その時に使う道具などに、「ティール」の文字を書き込むとよいでしょう。

　ルーン魔術に関しては本書では割愛していますが、拙著『ルーン・リーディング』（魔女の家BOOKS、２００６年）や他のルーン占いの書籍にも掲載されていますので、ご興味のある方は、ご参照いただければと思います。

ルーン占いをさらに理解するためのオススメブックガイド

鏡リュウジ
『神聖ルーン・タロット占術』（学研、1993年）

日本人が執筆した、最初のルーン占いの本だと思います。私自身が持つ各ルーンの意味のベースは、ほとんどこの本から得たものです。「第5章　ルーン深層解釈」の、各文字の詳細な解説が肝だと思いますが、占い方がメインの本であるため、最後に小さな字でこぢんまりとまとまっている点が、少々もったいなく思います。各ルーンに誕生日の期間を割り振り、性格が書かれているのが、他とは違う特徴です。美しいイラストの、ルーン・カード付属。

D・J・クーパー著、鏡リュウジ訳監修
『魔力伝説ルーン・ストーン占い』（二見書房、1993年）

D・J・クーパー氏が1987年に執筆した本で、ルーン文字に魔力があることを強調し、ルーン魔術に半分近くのページを割いています。「幽体離脱の技術」という項目も存在し、オカルト色の強さを感じさせます。Q&Aでも記載しましたが、各ルーンの意味が、「表・正」「表・逆」「裏・正」「裏・逆」の4通り掲載されており、各ルーンの普遍的な意味を踏襲しつつも、オリジナリティーの強さを感じます。茶色の素焼きのルーン・ストーン付属。

ラルフ・ブラム著、関野直行訳
『ルーンの書』（VOICE、1991年）

日本に最初にルーンを広く知らしめた本で、その功績は非常に大きいと思います。フレイ、ヘイムダル、チュールのグループの各8文字の順番の記載がありつつも、文字の順序が不明ということで、オリジナルの順序を使用しています。「各ルーンの解釈」は、ルーン文字を占いとしてではなく、自己分析や内観に役立てるための内容です。付属の素焼きルーンと袋は、長年使っても汚れたり破れたりしない優れもので、長く愛用しています。

藤森 緑
『ルーン・リーディング』（魔女の家BOOKS、2006年）

拙著の紹介で恐縮ですが、自分自身にとっても思い入れの強い本です。各ルーン文字の解説に、多くのスペースを割きました。執筆後にストレスから腸を痛め、初校の確認は、手術の翌日に病院のベッドの上で行いました。編集者のアレクサンドリア木星王先生により掲載されている、世界中のルーン・カードのイラストが大変魅力的で、興味深いです。この執筆時に比べると、今は入手できるルーンに関する情報量が、かなり増えました。

ラーシュ・マーグナル・エーノクセン著、荒川明久訳
『ルーンの教科書』（アルマット、2012年）

2007年に出版された同じ著者の『ルーン文字の世界』（国際語学社）とほぼ同じ内容ですが、携帯しやすく読みやすいデザインに変わっています。研究史に多くのページが割かれていますが、ルーン文字の歴史が非常にわかりやすくまとまっていて、これ1冊あれば大丈夫でしょう。各文字の変形バージョンや文字が変化していく様子が、イラストつきで網羅されている点も、わかりやすく親切です。歴史についての大半は、この本を参考にしています。

レイ・ページ著、菅原邦城訳
『ルーン文字』（學藝書林、１９９６年）

２００６年に『ルーン・リーディング』を執筆した時には、入手できるルーン文字に関する専門書がこの本だけだったため、大変お世話になった本です。詳しい歴史が書かれていると同時に、実物のルーン碑文の写真が数多く掲載されており、臨場感があります。実際に碑文に彫られていた単語や文に関しては、『ルーンの教科書』よりも、非常に詳しく掲載されています。それらを通して、当時の人々の心情が伝わってくるような本です。

P・コラム著、尾崎義訳
『北欧神話』（岩波書店、１９５５年）

岩波少年文庫ということもあり、北欧神話が面白おかしく書かれていて、非常に読みやすく、楽しみながら学ぶことができます。この本を読めば、簡単に北欧神話の内容を覚えられ、北欧神話への愛着も強まるでしょう。北欧神話の原典の歌謡集である『エッダ』は、断片的で完結していない話もあるのですが、P・コラムは自分の解釈で上手く話をつなぎ、神話の筋を通りやすくしています。１９５５年から増刷が続いている、超ロングセラー本です。

池上良太
『図解　北欧神話』（新紀元社、２００７年）

北欧神話に出てくるさまざまな名称について、各項目別に詳しい図解を交えて丁寧に説明しています。北欧神話の辞典として役立ちます。北欧神話の九つの世界の位置の図式化や、アースガルズやヨツンヘイムという、それぞれの世界の中の構成を図式化したものなど、文章だけだった北欧神話の世界を、視覚的に把握することができます。古代北欧の人々の生活についても詳細に記載されており、北欧についても詳しくなれそうです。

参考文献一覧

谷口幸男訳『エッダ―古代北欧歌謡集』（新潮社、１９７３年）
ラーシュ・マーグナル・エーノクセン著、荒川明久訳『ルーンの教科書』（アルマット、２０１２年）
ラーシュ・マーグナル・エーノクセン著、荒川明久訳『ルーン文字の世界』（国際語学社、２００７年）
レイ・ページ著、菅原邦城訳『ルーン文字』（學藝書林、１９９６年）
P・コラム著、尾崎義訳『北欧神話』（岩波書店、１９５５年）
池上良太『図解　北欧神話』（新紀元社、２００７年）
鏡リュウジ『神聖ルーン・タロット占術』（学研、１９９３年）
D・J・クーパー著、鏡リュウジ訳監修『魔力伝説ルーン・ストーン占い』（二見書房、１９９３年）
ラルフ・ブラム著、関野直行訳『ルーンの書』（VOICE、１９９１年）
藤森緑『ルーン・リーディング』（魔女の家BOOKS、２００６年）
Edred Thorsson “RUNECASTER'S HANDBOOK” WEISER BOOKS,1988
Edred Thorsson “Futhark: A Handbook of Rune Magic” RED WHEEL WEISER,1984

〈参考サイト〉
牛の博物館　牛の生物学
http://www.isop.ne.jp/atrui/ushi/02_tenzi/01.html
八ヶ岳白樺林のリラクゼーション
http://www.moeginomura.co.jp/SHIRAKABA/index.html

本書でルーン占いをする方法

①両手で閉じた本を持ち、占いたい質問を念じます。

②目を閉じてから本をパッと開きます。

③開いたページの左下（奇数ページを見てください）に出ているルーンが、その質問の回答になります。本書で意味を確認してください。

現代英語	アルファベット	カラー	アイテム	ルーン文字
該当なし	該当なし	ブラック、ホワイト	水晶のアクセサリー	ウィルド
Fee(料金)	F	ライトレッド	牛革の財布	フェオ
Urox(オーロックス)	U	ダークグリーン	スポーツシューズ	ウル
Thorn(棘)	Th	ブライトレッド	サボテンの鉢	ソーン
Answer(答え)	A	ダークブルー	スマートフォン	アンスール
Riding(乗る)	R	ブライトレッド	マウンテンバイク	ラド
Keen(熱心)	K	ライトレッド	長いキャンドル	ケン
Gift(贈り物)	G	ディープブルー	ハートモチーフの小物	ギューフ
Joy(喜び)、Win(勝つ)	W	イエロー	賞状やトロフィー	ウィン
Hail(雹、あられ)	H	ライトブルー	クラシック音楽のCD	ハガル
Need(必要)	N	ブラック	雨傘や杖など細長い物	ニイド
Ice(氷)	I	ブラック	アイスクリーム	イス
Year(年)	J	ライトブルー	新鮮なフルーツ	ヤラ
Yew(イチイ)	Y	ダークブルー	黒真珠	ユル
該当なし	P	ブラック	宝くじ、トランプ	ペオース
Elks(ヘラジカ)	Z	ゴールド	プライベート用の名刺	エオロー
Sun(太陽)	S	ホワイト、シルバー	純金のアクセサリー	シゲル
Tyr(チュール神)	T	ブライトレッド	スポーツ用品	ティール
Birch(樺の木)	B	ダークグリーン	牛乳、乳製品	ベオーク
Horse(馬)	E	ホワイト	馬モチーフの小物	エオー
Man(人間)	M	ディープレッド	ビジネススーツ	マン
Lake(湖)	L	ディープグリーン	ミネラルウォーター	ラーグ
Ing(イング神)	Ng	イエロー	ダイヤモンド	イング
該当なし	O	ライトブルー	骨董品	オセル
Day(日)	D	ディープイエロー	ご飯、パン	ダエグ

別名	キーワード	タロットカード	西洋占星術	数字
ブランク	運命	愚者	該当なし	該当なし
フェイヒュー	家畜、財貨	皇帝	牡羊座、金星、月	1
ウルズ	野生牛、オーロックス	力	牡牛座、火星	2
スリサズ	棘、巨人	皇帝	火星、木星	3
アンスズ	口、オーディンの知恵	女教皇	水星	4
ライゾ	車輪	戦車	射手座、水星、ドラゴンヘッド	5
カノ	たいまつ、火	魔術師	金星、火星、太陽	6
ゲーボ	贈り物	恋人	魚座、金星	7
ウンジョー	喜び	力	獅子座、金星、土星	8
ハガラズ	雹(ひょう)	塔	水瓶座、土星	1
ナウシズ	必要性	悪魔	山羊座、土星	2
イサ	氷	隠者	月、木星	3
ジェラ	1年、収穫	愚者	水星	4
エイワズ	イチイの木	死神	蠍座、木星、ドラゴンテイル	5
パース	振り壺	運命の輪	火星、土星、ドラゴンテイル	6
アルジズ	ヘラジカ	月	蟹座、金星、木星	7
ソウェイル	太陽	太陽	太陽	8
テイワズ	チュール神	正義	天秤座、火星	1
ベルカナ	白樺	女帝	乙女座、月、木星	2
エワズ	馬	恋人	双子座、水星	3
マンナズ	人間	正義	木星、土星、ドラゴンテイル	4
ラグズ	水	星	月	5
イングズ	イング神	審判	新月、金星	6
オシラ	伝統、先祖	吊るされた男	満月、火星、土星	7
サガズ	1日	節制	半月、太陽、ドラゴンヘッド	8

おわりに

すべての原稿の執筆が終わり、この「おわりに」を執筆しているのは、年が明けて1週間ほど過ぎた頃です。喪中でお正月がなかったこともあり、年末年始の多大な時間を、この原稿執筆に注ぎ込むことができました。

先日、ある報道系情報番組で、司会者が「何だか、お正月らしい気分がしないですね」という発言をしました。それを耳にして「ああ、やっぱりそう感じるのだな」と納得したのです。今年は喪中だったから……という以前の問題で、年々お正月の荘厳さや崇高さといった「特別感」が、急速に薄れているように思われます。それは、さまざまな年代を生きてきた高齢者がつぶやくように、「毎日がお正月」だからといえるのではないでしょうか。

昔はお正月しか食べられなかったご馳走が、今では毎日、飽きるほど食べられます。映画や音楽のエンターテイメントも無料もしくは安価で、いくらでも気軽に楽しむことができます。お金と労力をかけて書く年賀状ではなく、アプリのメッセージを通して、簡単に挨拶を交わすこともできます。

最近ではハロウィンやクリスマス、大晦日と、何かあると渋谷のスクランブル交差点に若者が詰め寄せ、何かのうっ憤を晴らすかのように大騒ぎをします。それを見ると、「退屈しているのだな」と思います。毎日、あふれるほどの物や情報という刺激に取り囲まれているのに、多くの人が、まだ何かが物足りなく感じているように見えてなりません。

人類が古代から文字を使用するようになり、その後の5千年間という、気が遠くなる長い時間をかけて溜め続けてきた情報量を、今ではたった1年間で超えてしまう……ということをご存じですか？　現代はインターネットを中心にして、毎日世界中から、膨大な量の情報が生まれます。しかし、その情報の大半は、持っていても仕方のない、ごみのようなものだというのです。

それに比べると、古代北欧の人達が手間と時間をかけて彫りつけたルーン文字の碑文は、何という重大な価値があることでしょう。ただ単に、人の名前が彫られただけのものであっても、その碑文はこれから先も人類の宝として、厳重に保管され続けていくのです。

「シンプル・イズ・ベスト」という言葉があります。まさに、ルーン文字を象徴するかのような言葉です。絵画や写真は適度な空間があった方が美しく見えるように、芸術作品は、ただざまざまな要素をてんこ盛りにすればよいというわけではありません。何事においても、ただ多ければよいというわけではないのです。そこにはどれだけの価値があるのかということの方が、重要なのではないかと思います。

さまざまな刺激にすっかり慣れてしまった現代人にとって、ルーン占いというのは、地味すぎて退屈な占いだと感じる人が多いかもしれません。そこにはタロット・カードのような豪華で美しい絵柄や、西洋占星術や四柱推命のような入り組んだ複雑な休系はないのです。ただ、数本の直線が描かれただけのルーンを、まるでおみくじのように念じながら1枚引く……たったこれだけなのですから、すぐに飽きてしまう人が出てきても、仕方のないことかもしれません。

しかし、卜術の原点を忘れてはいけません。例えば、岐路に立たされて迷った時には木の枝を立てて、倒れた方へ向かって歩いていく、もしくは「イエス」か「ノー」かを迷ったら、投げたコインの裏表で判断する……そうしたごく単純な動作に、神様からのメッセージが含まれるのです。人間がさまざまな情報を盛り込むほど、神様からのストレートなメッセージは得られにくくなるのではないかと思います。

文字がなかった古代北欧の人々は、ルーン文字の登場に心を躍らせ、一文字一文字に心を込めて、丁寧に彫りつけていったに違いありません。今、次から次へと湧いてくる情報の海で溺れ、欲しいと思う物の大半は入手できるようになった私達は、こうした一つの物を大事にする心を、取り戻すべきなのではないでしょうか。

地球環境問題については、多くの人が見聞きをして、ご存じではないかと思います。人間のとめどもない物欲と快適に過ごしたいという欲求が、地球の限りある資源を食い尽くしているのです。それにより、多くの森林が消滅して土壌が劣化し、その上に多大な温室効果ガスを発生させ、環境を汚染しているのです。

しかし、多くの人達が気づいていない、もう一つの汚染があります。それは、多くの人間が見えない世界の中の気に吐き出す、ネガティブな感情の汚染です。人々の恨みや悲しみ、怒りなどのネガティブな感情が、気の中に止まることなく吐き出され続け、今や都会の中の気は、非常にどんよりしているといいます。吐き出されたネガティブな感情が、また人々の体内に入り込むため、都会では体調が優れない人やイライラしている人が多いというのです。人が多いと同時に、空気を浄化する植物が少ないことも、その要因といえるでしょう。

これだけ物も情報もあふれているのに、なぜネガティブな感情を抱える人が多いのでしょうか。やはり、少ない物の中で過ごす古代のシンプルな生活を、見直してみるべきなのかもしれません。

この「あとがき」を書くに当たり、ルーン・ストーンで読者の方々へのメッセージを引いてみました。引いたルーンは「ラーグ」です。

「ラーグ」は水を示します。水は万物を助けて育てながらも、流れに抵抗することなく、高きより低きに流れ、低いところにとどまっています。その心は澄んでいて静かであり、分け隔てなく、何にでも与えることを惜しみません。そして、強く自己主張をするようなこともありません。

多くの人達が、「ラーグ」が示すこの水の意識を持つことで、地球上のさまざまな状況が良くなっていくのではないでしょうか。ルーンは読者の皆様に、そして地球上のすべての人達に、そのような人であって欲しいと伝えているのです。

最後に、世界における「ルーン占いの今後」について、ルーンを一つ引いてみました。出てきたのは「ヤラ」です。毎日欠かさず手入れをする作物がゆっくりと成長し、豊かな収穫を得ることを示すルーンです。

目立たない占術であるが故に、爆発的なブームになるようなことはないのでしょう。それでも、決してその流れを途絶えさせることなく、時間をかけて着実に、そして豊かに成長し続けていくのでしょう。まるで、古代北欧の人々が、ルーン文字の体系であるフサルクを、時間をかけてさまざまなかたちへと伝授していったように。

この貴重なルーンの本の執筆にお声をかけていただき、年末年始のお忙しい中で編集作業に携わってくださいました、説話社・高木利幸さんと、この本に目を通してくださいました読者の方々に、心より感謝を申し上げます。

皆様に、そして世界中すべての人々に、オーディンのご加護がありますように。

２０１５年１月　藤森　緑

藤森　緑
（ふじもり・みどり）

幼少の頃から占いに並々ならぬ関心を持ち、1992年からプロ活動を開始。占い館・占いコーナー・電話鑑定・イベント等で多くの人数を鑑定。その後、2003年に占い原稿専門の有限会社を設立。各メディアに占い原稿を提供している。使用占術はタロットカード、ルーン、西洋占星術、九星気学、四柱推命、数秘術など幅広い。著書に『はじめての人のためのらくらくタロット入門』、『続はじめての人のためのらくらくタロット入門』、『ザ・タロット』（すべて説話社）ほか多数がある。

http://www.d3.dion.ne.jp/~fujimido/

説話社占い選書シリーズ創刊の辞

説話社は創業以来、占いや運命学を通じて
「安心できる情報」や「感動が得られる情報」
そして「元気になれる情報」をみなさまに提供し続けてきました。
「説話社占い選書シリーズ」は、占いの専門出版社の説話社が
「21世紀に残したい占い」をテーマに創刊いたしました。
運命学の知恵の源である占いを、現代の生活や考え方に沿うよう、
よりわかりやすく、そしてコンパクトな形で編集してあります。

みなさまのお役に立てることを願っております。

説話社

説話社占い選書 **2**
悩《なや》み解決《かいけつ》のヒントが得《え》られる ルーン占《うらな》い

発行日　2015年3月15日　初版発行
著　者　藤森　緑
発行者　酒井文人
発行所　株式会社説話社
〒169－8077　東京都新宿区西早稲田1−1−6
電話／03-3204-8288（販売）03-3204-5185（編集）
振替口座／00160-8-69378
URL http://www.setsuwasha.com/
デザイン　市川さとみ
編集担当　高木利幸
印刷・製本　株式会社平河工業社

ISBN 978-4-906828-11-1 C 2011